Abbe de Segur

Die Revolution und ihre Verkörperung im modernen Staate

Ein Büchlein für jedermann

Abbe de Segur
Die Revolution und ihre Verkörperung im modernen Staate
Ein Büchlein für jedermann
ISBN/EAN: 9783743399983

Hergestellt in Europa, USA, Kanada, Australien, Japan

Cover: Foto ©Suzi / pixelio.de

Manufactured and distributed by brebook publishing software (www.brebook.com)

Abbe de Segur

Die Revolution und ihre Verkörperung im modernen Staate

Wir haben dieser ausgezeichneten Arbeit des Abbé Segur nur das eine Wort vorauszuschicken, daß er als Franzose ganz speciell die Zustände seines Vaterlandes im Auge hatte und diesen nach auch sich aussprechen mußte. In Bezug auf die Zustände, wie sie in den Vereinigten Staaten bestehen, bedarf es nur einer einzigen Berichtigung. Die Demokratie in der Union nämlich ist durchaus nicht mit der Demokratie Europa's zu verwechseln. Unsere Demokratie ist in ihren Prinzipien nicht zerstörend oder revolutionär, sondern im Gegentheil erhaltend und nur auf gesetzlichem Wege fortschreitend. Das bitten wir durch das ganze Werkchen des Herrn S e g u r festhalten zu wollen.

1. Die Revolution und zwar zuerst, was sie nicht ist.

Das Wort Revolution ist ein sehr dehnbarer Ausdruck, mit welchem aller mögliche Mißbrauch getrieben wird, um die Geister zu verführen. Im Allgemeinen ist eine Revolution eine Veränderung von Grund aus, die in den Sitten, in Kunst und Wissenschaft, vorzugsweise aber in den Gesetzen und der Regierung der Völker vorgeht. In der Religion wie in der Politik ist sie die vollständige Entwickelung, der vollständige Sieg eines Principes, welches die ganze alte Ordnung der menschlichen Gesellschaft umstürzt. Gewöhnlich wird das Wort Revolution im schlimmen Sinne genommen, indessen ist diese Regel nicht ohne Ausnahme. So sagt man z. B.: „Das Christenthum hat eine große Revolution in der Welt bewirkt," und diese Revolution ist eine sehr gute gewesen. Ebenso sagt man ganz richtig: „In diesem oder jenem Lande ist eine Revolution ausgebrochen, die Alles mit Feuer und Schwert verwüstet hat." Auch das ist eine Revolution, aber eine böse.

Es ist ein großer Unterschied zwischen einer Revolution und dem, was man seit hundert Jahren etwa die Revolution nennt. Revolutionen hat es zu allen Zeiten in der menschlichen Gesellschaft gegeben. Aber die Revolution ist eine früher nicht dagewesene, eine ganz neue Erscheinung.

Viele Leute bilden sich ein, — weil ihre Zeitung es ihnen so vorsagt, — daß die Menschheit seit sechszig Jahren der Revolution Alles zu verdanken habe; daß alle unsere Fortschritte in der Industrie, die ganze Entwickelung unseres Handels, alle neueren Erfindungen in Kunst und Wissenschaft eine Frucht der Revolution seien; daß wir ohne sie weder Eisenbahnen noch elektrische Telegraphen, weder Dampfschiffe noch Maschinen, keine Armee, keinen Unterricht, keinen Nationalruhm hätten; mit einem Worte: ohne die Revolution soll Alles verloren und die Welt der Finsterniß verfallen sein.

Von alle Dem aber ist nichts wahr! Wenn die Revolution auch die Gelegenheit für einige dieser Fortschritte war, so ist sie doch keineswegs die Ursache derselben gewesen. Die heftige Erschütterung, in welche sie die ganze Welt versetzte, mag manche Entwickelung der materiellen Civilisation beschleunigt haben, aber dieselbe heftige Erschütterung hat ohne Zweifel auch viele andere im Keime vernichtet. So viel steht fest, daß die Revolution, an und für sich betrachtet, nie das P r i n c i p irgend eines wirklichen Fortschrittes gewesen ist.

Ebensowenig ist sie, wie man uns einreden will, die legitime Befreiung der Unterdrückten, die Abschaffung der alten Mißbräuche, die Verbesserung und der Fortschritt der Menschheit, die Verbreitung von Licht und Wahrheit, die Verwirklichung aller edlen Bestrebungen der Völker ꝛc. ꝛc. Wir werden das bald sehen, wenn wir mit einander das Wesen derselben betrachten.

Ebensowenig ist die Revolution gleichbedeutend mit jener großen historischen und furchtbaren T h a t s a c h e, welche Frankreich und Europa gegen Ende des vorigen Jahrhunderts umgestürzt hat. Diese Thatsache war sowohl bei ihrem ersten gemäßigten Auftreten, als später bei ihren furchtbaren Verirrungen und Ausschweifungen nur eine Frucht und Offenbarung der Revolution, denn die Revolution ist in viel höherem Grade eine I d e e und ein P r i n c i p, als eine Thatsache. Es ist von Wichtigkeit, daß diese Dinge nicht mit einander verwechselt werden.

Was ist also die Revolution?

II. Was die Revolution ist, und daß sie ebensosehr eine religiöse, wie eine politische und sociale Frage ist.

Die Revolution ist keine bloß politische, sondern sie ist auch eine religiöse Frage und von diesem Gesichtspunkte aus wollen wir sie hier betrachten. Die Revolution ist aber nicht nur eine einfache religiöse Frage, wie so viele anderen, sondern sie ist die wichtigste religiöse Frage unseres Jahrhunderts. Um sich davon zu überzeugen, braucht man bloß nachzudenken und seine Gedanken dann scharf und richtig zu fassen.

In ihrem allgemeinsten Sinne genommen, ist die Revolution die Anerkennung der Empörung als Grundsatz und als Recht. Es handelt sich nicht mehr um die vereinzelte Thatsache dieser oder jener Empörung, denn Empörungen hat es zu allen Zeiten gegeben, sondern um das Recht und um das Princip der Empörung, welche die praktische Regel und das Fundament der Staaten werden sollen. Die Revolution ist jetzt die systematische Läugnung jeder legitimen Autorität, sie ist die Theorie der Empörung, die Vertheidigung und der Stolz auf die Empörung, die gesetzliche Anerkennung des Principes aller und jeder Empörung. Es handelt sich jetzt nicht mehr um die Auflehnung einer einzelnen Persönlichkeit gegen ihren rechtmäßigen Obern, — eine solche Auflehnung ist einfacher Ungehorsam, — sondern es handelt sich um die Empörung der Societät (der menschlichen Gesellschaft) als solcher, der Charakter der Revolution ist ein wesentlich socialer, kein individueller.

Es gibt aber in der Revolution drei Abstufungen:
1) Die erste ist die Vernichtung der Kirche, als religiöse Autorität und Societät, welche die anderen Autoritäten und Societäten beschützt. Auf dieser ersten Stufe, die uns zunächst berührt, ist die Revolution die zum Princip erhobene und als öffentliches Recht for-

mulirte Läugnung der Kirche, die Trennung der Kirche und des Staates zu dem Zwecke, den Staat bloßzustellen und ihm seine Hauptstütze zu entziehen.

2) Die zweite Stufe ist die Vernichtung der Throne und der rechtmäßigen politischen Autorität, eine unvermeidliche Folge der Vernichtung der katholischen Autorität. Diese Vernichtung wird von dem revolutionären Principe der heutigen Demokratie und Dem, was man dermalen die Souveränetät des Volkes nennt, als letztes Ziel angestrebt.

3) Die dritte Stufe ist die Vernichtung der Gesellschaft selbst, d. h. jener Organisation, die sie von Gott erhalten hat, mit anderen Worten: die Vernichtung der Rechte der Familie und des Eigenthumes zu Gunsten eines eingebildeten Begriffes, einer Abstraction, welche die Gelehrten der revolutionären Schule Staat nennen. Das ist der Socialismus, das letzte Ziel der vollendeten Revolution, der letzten Revolution, durch welche das Recht vernichtet werden soll. Auf dieser letzten Stufe ist oder vielmehr würde die Revolution die völlige Zerstörung der göttlichen Ordnung auf Erden, das unbeschränkte Regiment des Teufels in dieser Welt sein.

Zum ersten Male in ein System gebracht durch Jean Jacques Rousseau, dann im Jahre 1789 und im Jahre 1793 durch die französische Staatsumwälzung, ist die Revolution von Anbeginn an als unversöhnlichste Feindin des Christenthums aufgetreten! Sie hat die Kirche mit einer Wuth angegriffen, die an die Verfolgungen des Heidenthums erinnert; sie hat die Bischöfe gemordet, die Priester und die Katholiken niedergemetzelt; sie hat die Kirchen zerstört oder geschlossen, die religiösen Orden aufgelöst, das Kreuz und die Reliquien der Heiligen im Kothe herumgeschleift; ihre Wuth ergoß sich über ganz Europa; sie hat mit allen Traditionen gebrochen und einen Augenblick glaubte sie wirklich das Christenthum vernichtet zu haben, welches sie höhnisch einen alten und fanatischen Aberglauben nannte.

Und auf allen diesen Ruinen hat sie einen neuen Bau von atheistischen Gesetzen, von Societäten ohne

Religion, von Völkern und Königen aufgeführt, die absolut unabhängig sind; seit 60 Jahren wächst und dehnt sie sich aus in der ganzen Welt, zerstört überall den socialen Einfluß der Kirche, verwirrt die Geister, verläumdet den Klerus und untergräbt das ganze Gebäude des Glaubens in seinem tiefsten Grunde.

In religiöser Beziehung ist die Revolution „die gesetzliche Läugnung des Reiches Jesu Christi auf Erden, die sociale Vernichtung der Kirche."

Die Bekämpfung der Revolution ist also ein Act des Glaubens, eine der wichtigsten religiösen Pflichten. Wer die Revolution bekämpft, bewährt sich ferner als einen guten Bürger und braven Mann, denn er vertheidigt das Vaterland und die Familie. Wenn die anständigen politischen Parteien sich gegen die Revolution von ihrem Gesichtspunkte aus erheben, so müssen wir, wir Christen, sie von einem höheren Gesichtspunkte aus bekämpfen, um das zu vertheidigen, was uns theurer ist, als das Leben.

III. Die Revolution ist die Tochter des Unglaubens.

Das Urtheil über die Revolution hängt einzig und allein davon ab, ob man an Jesum Christum glaubt, oder nicht. Wenn Gott in Christus Mensch geworden, wenn der Papst sein Nachfolger, wenn die Kirche sein Gesandter ist, so ist es offenbar, daß die Völker, wie die Individuen, der Leitung der Kirche und des Papstes folgen müssen, weil es die Leitung Gottes selbst ist. Die Revolution, welche die absolute Unabhängigkeit der menschlichen Gesellschaft von der Kirche, die Trennung der Kirche und des Staates als Princip aufstellt, erklärt mit diesem einzigen Satze, daß sie an den Sohn Gottes nicht glaubt und ist, wie das Evangelium sagt, schon zum voraus gerichtet.

Die revolutionäre Frage ist also in ihrem letzten Grunde eine Glaubensfrage. Wer an Jesum Christum und an die Mission seiner Kirche glaubt, kann, wenn er logisch verfährt, kein Revolutionär sein, und jeder

Ungläubige muß, wenn er logisch verfährt, sich zu dem von der Revolution verkündigten Princip des Abfalles bekennen und unter ihrem Banner die Kirche bekämpfen, denn wenn die katholische Kirche nicht göttlich ist, so maßt sie sich einen ungerechtfertigten, tyrannischen Einfluß auf die Rechte des Menschen an.

Ist Jesus Christus Gott? ist ihm alle Gewalt gegeben im Himmel und auf Erden? Haben die Hirten der Kirche und an ihrer Spitze der Papst von göttlichen Rechtes wegen auf Befehl Christi selbst die Mission, alle Völker und alle Menschen zu lehren, was man thuen und was man meiden muß, um den Willen Gottes zu erfüllen, — oder haben sie diese Mission nicht? Gibt es einen einzigen Menschen, Fürsten oder Unterthanen, gibt es eine einzige Societät, welche das Recht hat, diese unfehlbare Lehre zurückzuweisen, dieser höheren religiösen Leitung sich zu entziehen? Darum dreht sich Alles! Es ist eine Glaubensfrage, eine Frage, von welcher das Sein oder Nichtsein des Katholicismus abhängt.

Der Staat muß dem lebendigen Gotte gehorchen, wie das Individuum und die Familie; für den Staat, wie für das Individuum handelt es sich hier um das Leben.

IV. Wer ist der wahre Vater der Revolution, und wann ist sie zur Welt gekommen?

Es liegt in der Revolution ein Geheimniß, ein Geheimniß der Bosheit, welches die Revolutionäre nicht begreifen, weil der Glaube allein den Schlüssel dazu gibt und sie den Glauben nicht haben.

Um die Revolution zu begreifen, muß man hinaufsteigen bis zu dem Vater aller Empörung, der zuerst es gewagt hat, das Wort auszusprechen und es zu wiederholen wagt bis an das Ende der Zeiten: Ich will nicht dienen.

Ja, der Satan ist der Vater der Revolution, die Revolution ist sein Werk, das schon im Himmel begonnen, und sich nun in der Welt von Menschenalter zu

Menschenalter verewigt. Die Erbsünde, durch welche Adam unser Stammvater sich ebenfalls gegen Gott empörte, hat zwar noch nicht die Revolution, aber sie hat den Geist des Hochmuthes und der Empörung, welcher das Princip derselben ist, auf die Erde gebracht, und von da an nahm das Uebel in immer größeren Verhältnissen zu bis zur Erscheinung des Christenthums, welches dasselbe bekämpft und wieder in den Hintergrund gedrängt hat.

Das Wiederaufleben des Heidenthums am Ende des Mittelalters, dann die Ketzereien, dann Voltaire und Rousseau haben indessen die unselige Macht des Satans, ihres Vaters, wieder aufgerichtet. Und begünstigt durch die Ausschweifungen des Königthums hat diese Macht in den Principien der französischen Revolution eine Art von Weihe und eine Verfassung erhalten, die sie früher nicht besaß, so daß man mit Recht sagen kann, die Revolution habe in Frankreich im Jahre 1789 das Licht der Welt erblickt. „Die französische Revolution, sagte im Jahre 1793 der wilde Babeuf, ist nur die Vorläuferin einer größeren, gewaltigeren Revolution, welche die letzte sein wird." Diese letzte und allgemeine Revolution, welche dermalen schon die Welt erfüllt, ist eben die Revolution. Zum ersten Male seit sechstausend Jahren hat sie im Angesichte des Himmels und der Erde ihren wahren satanischen Namen anzunehmen gewagt und nennt sich: die Revolution, d. h. die große, die allgemeine Empörung.

Sie hat zum Wahlspruche, wie der Teufel, jenes verrufene Wort: Ich will nicht dienen! Sie ist teuflisch in ihrem Wesen und indem sie alle Autoritäten umstürzt, hat sie zum letzten Zwecke die völlige Vernichtung des Reiches Christi auf Erden. Die Revolution — man vergesse das doch nie, — ist vor allen Dingen ein Geheimniß der religiösen Ordnung, sie ist das Antichristenthum. Darüber hat sich der heilige Vater Pius IX. schon in seinem Rundschreiben vom 8. December 1849 ausgesprochen, wenn er sagt: „Die Revolution ist eine Eingebung des Teufels und ihr Zweck ist, das Christen=

thum von Grund aus zu vernichten und auf seinen Trümmern die sociale Ordnung des Heidenthums aufzubauen." Eine feierliche Erklärung, die Wort für Wort durch die Eingeständn ße der Revolution selbst bestätigt wird, denn die geheime Instruction der obersten leitenden Revolutionsbehörde in Italien (der hohen Venta) sagt: „Unser letztes Ziel ist jenes, welches Voltaire und die französische Revolution verfolgten, die Vernichtung des Katholicismus und selbst der christlichen Idee für alle Zeiten."

V. Wer ist der Hauptgegner der Revolution?

Ihr Hauptgegner ist Jesus Christus im Himmel und auf Erden der Papst, sein Stellvertreter.

Die Geschichte der Welt ist die Geschichte des Riesenkampfes zweier großen Heere und ihrer Führer; auf der einen Seite steht Christus mit seiner heil. Kirche; auf der andern Satan mit allen jenen Menschen, die er verführt und unter dem verfluchten Banner der Revolution gesammelt hat. Zu allen Zeiten ist der Kampf ein schrecklicher gewesen, wir aber leben in einem der gefährlichsten Abschnitte desselben, als dessen besonderes Kennzeichen die Verführung der Geister und die sociale Organisation Dessen erscheint, was vor Gott weiter nichts ist als Verwirrung und Lüge.

Wie immer, so stehen auch jetzt der Papst und die Kirche auf der Bresche, sie vertheidigen die Wahrheit und die Gerechtigkeit gegen Alle, und werden von den vornehmen und gemeinen Revolutionären tödtlich gehaßt, weil sie ihre Complotte entlarven und ihre Pläne vereiteln.

Dem Tode nahe hat einer unserer herrlichsten Bischöfe vor Kurzem den Haß und die Projecte der Revolution gegen den Papst in treffender Weise enthüllt. „Der Papst, so schrieb er mit zitternder Hand an der Schwelle der Ewigkeit, der Papst hat einen Hauptfeind: die Revolution. Und er hat in ihr einen unversöhnlichen Feind, den kein Opfer beschwichtigen kann, mit welchem keine Ausgleichung möglich ist. Anfangs verlangte man nur Reformen, jetzt genügen indessen die Reformen nicht mehr. Zerftückelt die weltliche Herrschaft des heiligen Stuhles, verſtümmelt das wunderbare Werk, welches Gott und die katholiſche Welt vor tauſend Jahren gegründet, gebet Stück für Stück das ganze Erbgut des heiligen Petrus der Revolution preis, — ihr werdet damit die Revolution nicht zufrieden ſtellen, ihr werdet ſie nicht entwaffnen. Iſt ja doch der Untergang des weltlichen Beſtandes des heiligen Stuhles weniger der Zweck, als vielmehr nur ein Mittel, nur ein Schritt näher zu einer noch viel größeren Verwüſtung. Die göttliche Exiſtenz der Kirche ſelbſt, die ſoll vernichtet werden, von dieſer ſoll keine Spur mehr übrig bleiben! Ob die ſchwache Herrſchaft, deren Sitz Rom und der Vatican iſt, in mehr oder minder enge Grenzen eingeſchloſſen werde, das iſt nur Nebenſache, ja Rom und der Vatican ſelbſt ſind nicht die Hauptſache. Im Gegentheile: ſo lange es noch auf Erden oder unter der Erde, in einem Palaſte, oder in einem Gefängniſſe einen Mann geben wird, vor welchem zweihundert Millionen Menſchen ſich beugen als vor dem Stellvertreter Gottes, ſo lange wird auch die Revolution Gott in dieſem Manne verfolgen. Das iſt ihr Weſen! Und wenn ihr in dieſem gottloſen Kampfe nicht entſchloſſen für Gott gegen die Revolution Partei ergreifet, wenn ihr capituliret, ſo werden die Conceſſionen, durch welche ihr die Revolution zu zügeln oder zu mäßigen hoffet, zu weiter nichts führen, als ihren ſacrilegiſchen Hochmuth noch mehr anzuſchwellen und ihre wilden Hoffnungen zu ſteigern. Stark durch euere Schwachheit, auf euch bauend, wie auf Mitſchuldige, ja wie auf Sklaven, wird ſie euch auffordern, ihr bis zum letzten Ziele ihrer ſcheußlichen Unternehmungen nachzufolgen und nachdem ſie euch Conceſſionen abgepreßt, welche die Welt mit Schrecken erfüllt, wird ſie Forderungen an euch ſtellen, vor denen euer Gewiſſen ſich entſetzen wird.

In alle Dem liegt keine Uebertreibung. Die Revolution, nicht nach ihrer zufälligen Erſcheinung, ſondern in ihrem Weſen betrachtet, iſt Etwas, mit welchem nichts verglichen werden kann in jener langen Reihe ſogenannter Revolutionen, durch welche die Menschheit fortgerissen worden ist seit dem Anfange der Zeiten und die in der Weltgeschichte vor unseren Augen sich entrollen. Die Revolution ist der gottloseste Aufstand, der je die Erde gegen den Himmel bewaffnet, sie ist die äußerste, letzte Kraftanstrengung des Menschen, nicht nur um von Gott sich loszureißen, sondern um sich selbst an Gottes Stelle zu setzen."

So sprach jener Bischof. Die Revolution greift nur darum den Papst als König an, um eben den Papst als obersten Bischof desto sicherer zu treffen. Sie begreift eben so gut, wie wir, daß nur der Papst als König materiell unabhängig und unverletzlich ist. Und der unverletzliche Papst ist auch der freie Papst, der die ganze Wahrheit zu sagen, und den Bann gegen die Räuber und Despoten zu schleudern vermag, so hoch gewachsen und aufgeschossen sie auch sein mögen. Die Revolution, die nur die Maske der Freiheit und Gleichheit trägt, im Grunde aber weiter nichts ist, als der lebendige Raub und Despotismus, kann das päpstliche Königthum nicht vertragen, seine Existenz ist für sie eine Frage des Lebens oder des Todes.

Der Papst als Statthalter Christi ist also der geborene Feind der Revolution. Mit ihm theilen die getreuen Bischöfe und die Priester nach dem Herzen Gottes denselben Ruhm und dieselbe Gefahr. Sie leben unter den Menschen und stellen in ihrer Person die Kirche und das Gesetz Gottes dar, und sind eben darum die Zielscheibe des revolutionären Hasses. Der Raub des Kirchenstaates wäre der letzte Schlag auf die letzte Wurzel, durch welche die Kirche vermöge des Eigenthumes mit dem europäischen Boden noch zusammenhängt. Schon vor dreißig Jahren sagte der berühmte Denker Bonald: „Die öffentliche Religion in Europa ist hin, wenn sie kein Eigenthum hat und Europa ist hin, wenn es keine öffentlich anerkannte Religion mehr hat."

„Wir müssen die Welt dekatholisiren, so schrieb eines der Häupter der oberitalienischen Venta, und darum nur gegen Rom conspiriren. Ist die Revolution einmal in der Kirche, so ist sie in Permanenz erklärt, und die Throne und Fürstengeschlechter fallen von selbst. Die Verschwörung gegen den römischen Stuhl muß also ganz besonders betrieben und darf nicht mit andern Projecten vermischt werden."

Um den Papst, die Bischöfe und die Priester schaaren sich aber die wahren Katholiken, die getreuen Jünger unseres Herrn Jesu Christi, „um den guten Kampf zu kämpfen und den Glauben zu bewahren." Durch Gebet, durch gute Werke, durch That und Wort, durch Polemik, durch alle Mittel eines rechtmäßigen Einflusses sucht Jeder von ihnen den Feind zurückzuschlagen und den Sieg der guten Sache zu fördern. Es ist dies die kleine und doch sehr große Heerschaar Christi. Der Riese der Revolution wiegt sich zwar in der Hoffnung, sie zu erdrücken, wie einst Goliath dem David gegenüber, aber Gott ist mit uns und er hat uns gesagt: „Fürchte dich nicht, kleine Heerde, denn es hat dem Vater gefallen, euch den Sieg zu geben." Also nur muthig voran!

Euch namentlich aber, liebe Jünglinge, ist eine hervorragende Stelle in unseren Reihen angewiesen. Kommet also und bringet euerem göttlichen Meister euere Mitwirkung als Erstlingsfrucht der Glaubenstreue dar. In einer Zeit, wie die unsrige, muß jeder Christ auch Soldat sein. Jesus sammelt uns um die heilige Fahne seiner Kirche und ruft uns Allen zu: „Wer nicht für mich ist, der ist wider mich!" (Luk. 11, 23.)

VI. Ist eine Versöhnung zwischen der Kirche und der Revolution möglich?

Ebensowenig als zwischen dem Guten und dem Bösen, zwischen dem Leben und dem Tode, zwischen dem Lichte und der Finsterniß. Merket euch das Folgende.

„Die Revolution, sagt eine italienische Carbonariloge in einem geheim gehaltenen Schriftstücke, die Revolution ist nur unter einer Bedingung möglich: daß nämlich das Papstthum gestürzt werde. Die Verschwörungen im Auslande, die Revolutionen in Frankreich werden nur zu untergeordneten Resultaten führen, so lange Rom noch aufrecht steht. Obgleich schwach als irdische Macht, haben die Päpste doch immer noch eine unermeßliche moralische Gewalt. Gegen Rom also müssen alle Bestrebungen der „Freunde der Menschheit" gerichtet sein. Um es zu verderben sind alle Mittel recht, und ist einmal der Papst gestürzt, so werden alle Throne von selbst fallen."

„Der Katholicismus, sagt der Demokrat Edgar Quinet, der Katholicismus muß fallen. Haltet keinen Frieden mit dem Ungerechten! Der Papismus muß nicht nur widerlegt, sondern ausgerottet; er muß nicht nur ausgerottet, sondern entehrt, nicht nur entehrt, sondern im Kothe erstickt werden." — „Es ist in unserem Rathe entschieden worden, daß wir keine Christen mehr wollen," schrieb die hohe Venta. Voltaire hatte schon früher gesagt: „Lasset uns die Infame erwürgen!" und jener deutsche Reformator: „Wir wollen unsere Hände in ihrem Blute waschen!"

Alles Das ist natürlich! Die Kirche verkündet ja die Rechte Gottes als das schützende Princip der menschlichen Sittlichkeit und des Heiles der Societäten: die Revolution ihrerseits kennt nur Rechte des Menschen und constituirt eine Societät ohne Gott. Die Kirche macht den Glauben und die christliche Pflicht zur Grundlage von Allem; die Revolution kümmert sich nichts um das Christenthum, sie glaubt nicht an Jesus Christus, sie beseitigt die Kirche und fabricirt sich selbst irgend welche in ihrer Unbestimmtheit verschwimmende Pflichten der „Menschenliebe," welche keine andere Sanction und Begründung haben, als den Hochmuth des „ehrlichen Mannes" und die Furcht vor den Gendarmen. Die Kirche lehrt und hält alle Principien der Ordnung, der Autorität, der Gerechtigkeit in der Societät aufrecht; die Revolution schlägt sie in Trümmer, constituirt dann, unter der Herrschaft der Wühlerei und Willkühr, das, was sie das neue Recht der Völker, die moderne Civilisation zu nennen wagt.

Der Gegensatz ist also ein vollständiger: Gehorsam und Empörung, Glauben und Unglauben liegen mit einander im Kampfe. Eine Annäherung, eine Vereinbarung, ein Bund ist nicht möglich. Merket es euch wohl: die Revolution haßt Alles, was sie nicht selbst geschaffen hat, und was sie einmal haßt, das vernichtet sie. Gebet ihr heute alle Gewalt in die Hände, und sie wird trotz aller ihrer schönen Worte und Betheurungen morgen das sein, was sie gestern war und immerdar sein wird: ein Krieg auf Leben und Tod gegen die Religion, gegen die Societät, gegen die Familie. Und die Revolution kann nicht sagen, daß wir sie verläumden, denn ihre Worte liegen vor uns, aber auch ihre Thaten. Erinnert euch daran, was sie im Jahre 1791 und im Jahre 1793 gethan hat, als sie die Gewalt in Händen hatte!

In diesem Kampfe wird eine der beiden Parteien über kurz oder lang unterliegen, und der Besiegte wird die Revolution sein. Sie triumphirt vielleicht scheinbar für einige Zeit, sie kann hie und da Erfolge erringen, erstens weil die Societät seit vierhundert Jahren in ganz Europa ungeheuere Verbrechen begangen hat, welche Strafe und Sühne verdienen, und weil zweitens der Mensch immer frei und die Freiheit, selbst wenn Mißbrauch mit ihr getrieben wird, eine große Macht ist. Allein auf den Charfreitag folgt stets der Ostersonntag und Gottes unfehlbarer Mund selbst hat dem sichtbaren Oberhaupte seiner Kirche gesagt: „Du bist Petrus, und auf diesen Felsen will ich meine Kirche bauen, und die Pforten der Hölle werden sie nicht überwältigen!"

VII. Welches sind die gewöhnlichen Waffen der Revolution?

Sie hat es selbst ausgesprochen und hundertmal durch die That bewiesen. „Um die Fürsten und die Betbrüder zu bekämpfen, sind alle Mittel gut; Alles ist erlaubt, um sie zu vernichten: Gewalt, List, Feuer und Schwert, Gift und Dolch, der Zweck heiligt die Mittel." Sie wird Allen Alles, um die ganze Welt für ihre Sache zu gewinnen. Um die Christen zu verderben, um uns den katholischen Sinn zu rauben, bedient sie sich der Erziehung, die sie fälscht; des Unterrichtes, den sie ver=

giftet; der Geschichte, welche sie mit Lügen anfüllt; der Presse, von der sie einen Gebrauch macht, den alle Welt kennt; des Gesetzes, von dem sie den Mantel umhängt; der Politik, der sie ihren Geist einhaucht, ja selbst der Religion, deren Aeußerlichkeiten sie manchmal heuchelt, um die Seelen zu verführen. Sie bedient sich der Wissenschaften, in welchen sie ein Mittel der Empörung gegen den Gott aller Weisheit findet; sie benutzt die Künste, welche unter ihrem tödtlichen Einflusse das Verderbniß der öffentlichen Sitten und die Vergötterung der Wollust werden.

Wenn der Teufel nur seinen Zweck erreicht, so ist ihm an den Mitteln dazu wenig gelegen. Er ist nicht so scrupulös und zartfühlend, wie man meint und seine Freunde sind es ebensowenig.

Der Hauptcharakter der Angriffe der Revolution gegen die Kirche ist indessen, was hervorgehoben werden muß, die Frechheit in der Lüge. Durch die Lüge erschüttert sie die Ehrfurcht vor dem Papstthum, macht sie unsere Bischöfe und unsere Priester verächtlich, untergräbt sie die ehrwürdigsten katholischen Institutionen und bereitet den Umsturz der Societät vor. Durch die gemeine und fortgesetzte Lüge bezaubert und verführt die Revolution die Massen, die stets wenig unterrichtet und nicht gewohnt sind, an der Ehrlichkeit derer zu zweifeln, welche sich mit ihnen in mündlichen Verkehr setzen. Von tausend Menschen, deren Verführung ihr gelingt, sind neunhundert neunundneunzig das Opfer ihres schändlichen Verfahrens. Wehe ihr! wehe den Verführern der Völker, welche die Kraft, die Gott ihnen gegeben hat, um der Societät zu dienen, der Lüge dienstbar machen! Die Söhne der Revolution scheuen sich nicht, das Gute bös und das Böse gut zu nennen und ihnen gilt das furchtbare Wort des Herrn: „Wehe euch, die ihr das Böse gut und das Gute bös nennet! Wehe dem Volke, das gegen mein Geschlecht sich erhebt!"

Ist es denn aber auch wirklich wahr, daß die Revolution so schlimm ist? Ist es wahr, daß sie eine solche Verschwörung gegen Gott und die Menschen angezettelt hat? — Höret nun ihre eigenen Geständnisse, vernehmet ihre Pläne, die wirklich der Hölle würdig sind.

VIII. **Ist die Verschwörung der Revolution gegen das Christenthum etwa nur eine bloße Einbildung?**

Wie wir schon bemerkt, hat die Revolution, nachdem sie durch das Wiederaufleben des Heidenthumes gegen Ende des fünfzehnten Jahrhunderts, durch die Ketzerei und den Voltairianismus vorbereitet worden, in Frankreich gegen Ende des vorigen Jahrhunderts das Licht der Welt erblickt und die geheimen Gesellschaften, welche zu jener Zeit schon sehr einflußreich waren, leisteten bei ihrer Geburt hülfreiche Hand. Mirabeau und fast alle Männer des Jahres 1789, Danton, Robespierre und die übrigen Schurken des Jahres 1793 gehörten diesen Gesellschaften an. Seit vierzig Jahren indessen ist der Heerd der Revolution nicht mehr in Frankreich, sondern er ist nach Italien verlegt worden, und von dort aus leitet nun die Venta oder der oberste Rath mit der Klugheit der Schlange die große Bewegung, die große Empörung in ganz Europa. Europa aber hat man nur im Auge, weil Europa das Haupt der Welt ist.

Die Vorsehung hat es zugelassen, daß in den letzten Jahren einige authentische Documente dieser revolutionären Verschwörung in die Hände der römischen Polizei gefallen sind. Sie sind veröffentlicht worden, und wir geben hier einige Auszüge aus denselben. Wir haben hier einen Verbrecher ertappt, der seine Schuld selbst eingesteht.

Die Revolution soll uns jetzt selbst durch den Mund ihrer anerkannten Führer sagen: 1) Daß sie einen allgemeinen, wohlorganisirten Angriffsplan verfolgt; 2) daß sie die Welt verderben und zwar planmäßig verderben will, um zu herrschen; 3) daß sie durch diese Corruption vorzüglich die Jugend und die Geistlichkeit in ihr Netz zu ziehen sucht; 4) daß die Verläumbung und die Lüge ihre anerkannten Waffen sind; 5) daß die Freimaurerei ihre Vorschule ist; 6) daß sie selbst die Fürsten an sich zu ziehen sucht, in der Absicht, sie zu verderben; daß endlich 7) die von der Kirche getrennten Secten für sie treffliche Bundesgenossen sind. Wir glauben kaum bemerken zu müssen, daß die Auszüge, welche wir hier geben, durchaus authentisch, glaubwürdig und ächt sind. Die Originale liegen in Rom, wo sie eingesehen werden können.

1) **Allgemeiner Plan.** Der Plan ist ein allgemeiner: die Revolution will in ganz Europa die gesammte religiöse und politische Ordnung untergraben. „Wir bilden einen Bund von Brüdern über alle Theile der Welt; wir haben gemeinsame Bestrebungen und Interessen; wir wollen alle die Befreiung der Menschheit; wir wollen jede Art von Joch brechen. Der Bund ist ein geheimer, selbst für uns, die Veteranen der geheimen Verbindungen." — „Der Erfolg unseres Werkes hängt von dem tiefsten Geheimnisse ab und in den Venten muß der Eingeweihte, wie der fromme Christ in der „Nachfolge Christi," stets bereit sein, unbekannt zu bleiben und für nichts gerechnet zu werden."

„Um unserem Plane die ganze Ausdehnung zu geben, die er gewinnen soll, müssen wir ohne viel Geräusch, ganz in der Stille handeln, allmälig Boden gewinnen und denselben nie mehr verlieren."

Hier haben wir also keine gewöhnliche Verschwörung mehr, keine Revolution, wie so viele anderen, sondern die Revolution, d. h. den Umsturz und die Auflösung aller Fundamente, die nur stufenweise und nach langer unausgesetzter Arbeit bewerkstelligt werden kann. „Die Arbeit, die wir unternehmen, ist nicht das Werk eines Tages, eines Monats, oder eines Jahres: sie kann mehrere Jahre, vielleicht ein Jahrhundert dauern; allein in unseren Reihen stirbt der Soldat und der Kampf währt fort." Der Zielpunkt dieser gottlosen Verschwörung ist aber Italien wegen Roms und Rom wegen des Papstthumes. „Seitdem wir uns als thätige Körperschaft organisirt und in der entferntesten Venta, wie in den dem Mittelpunkte zunächstgelegenen Logen Ordnung zu herrschen anfängt, nimmt Ein Gedanke jene Männer in Anspruch, welche die allgemeine Wiedergeburt erstreben und biefer Gedanke ist die Befreiung Italiens, aus welcher zur rechten Zeit die Befreiung der ganzen Welt hervorgehen soll. Unser Endziel ist jenes von Voltaire und der französischen Revolution: die Vernichtung des Katholicismus und selbst der christlichen Idee für ewige Zeiten, denn wenn letztere auf den Ruinen von Rom fortlebte, so würde sie später den Katholicismus wieder beleben und verewigen." — "Von Niederlage zu Niederlage gelangt man zum Siege. Haltet also euere Augen immer offen über das, was zu Rom vorgeht. Machet das Pfaffenthum durch alle möglichen Mittel unpopulär; thuet im Mittelpunkte des Katholicismus ganz Dasselbe, was wir, persönlich oder als Körperschaft, auf den Flügeln thuen. Wühlet mit Grund oder ohne Grund, ganz einerlei, nur wühlet! In diesem einzigen Worte sind alle Elemente des Erfolges enthalten. Jene Verschwörung ist am feinsten angesponnen, welche sich am meisten rührt und die meisten Leute compromittirt. Liefert Martyrer, liefert Opfer; wir werden stets Leute finden, welche alle Dem die nothwendige Färbung zu geben wissen." — "Wir dürfen uns gegen Niemanden verschwören als gegen Rom, zu diesem Zwecke aber müssen wir alle Zwischenfälle, alle Eventualitäten benützen. Hüten wir uns namentlich vor allem übertriebenen Eifer! Ein recht kalter, wohlüberlegter und tiefer Haß ist viel mehr werth, als alle Kunstfeuerwerke und Declamationen der parlamentarischen Tribüne. In Paris will man das nicht begreifen, aber in London habe ich Männer gesprochen, welche unseren Plan besser würdigen und nützlicher für uns wirken."

In dem Folgenden liegt nun das revolutionäre Geheimniß der neuesten Ereignisse. „Die politische Einheit von Italien ist ein Traum; allein Traum oder Wirklichkeit, — sie bringt immer einen gewissen Eindruck auf die Massen und auf die auflodernde Jugend hervor. Wir wissen, was wir von dem Einheitsprincipe zu halten haben: es ist inhaltlos und wird stets inhaltlos bleiben; nichtsdestoweniger ist es ein gutes Agitationsmittel. Wir dürfen es also nicht aus der Hand geben. Handelt mit so wenig Geräusch als möglich, beunruhiget die öffentliche Meinung, hemmet den Handel und Verkehr, vor allen Dingen aber haltet euch immer unsichtbar. Es ist dieses das beste Mittel, um der päpstlichen Regierung Verlegenheiten zu bereiten." — „In Rom machen wir merkliche Fortschritte; es geben sich dort Anzeichen kund, welche ein geübtes Auge nicht täuschen können und man fühlt von ferne, aus sehr weiter Ferne das Herannahen der Bewegung. Glücklicher Weise haben wir nicht die Beweglichkeit und Ungeduld der Franzosen. Wir wollen die Frucht reif werden lassen, ehe wir sie pflücken, es ist dieses das einzige Mittel, mit Sicherheit zu operiren. Sie haben mir oft davon gesprochen, daß sie uns zu Hülfe kommen wollen, wenn in dem gemeinschaftlichen Beutel Leere sich zeigen sollte und Sie wissen aus Erfahrung, daß das Geld überall, vorzüglich aber hier, der Nerv des Krieges ist. Stellen Sie uns also nur Thaler, und zwar recht viele Thaler zur Verfügung, es ist dieses die beste Artillerie, um den Stuhl Petri in Trümmer zu schießen." — „In London sind mir bedeutende Anerbietungen gemacht worden, und wir werden bald zu Malta eine Buchdruckerei zu unserer Verfügung haben. Wir können dann ohne alle Gefahr unter britischem Schutze von einem Ende Italiens bis zum andern die Bücher und Brochüren verbreiten, welche die Venta in Circulation setzen will. Auch unsere Buchdruckereien in der Schweiz sind im besten Zuge, sie produciren eine Menge Schriften, wie wir sie wünschen."

Nach fünfundzwanzig oder dreißig Jahren ist die Verschwörung im Stande, ihre Fortschritte nachzuweisen. Sie zählt auf Frankreich, um handeln zu können, wobei indessen die obere Leitung Italien vorbehalten bleibt; den anderen Völkern traut sie nicht, denn die Franzosen sind ihr „zu eitel," die Engländer „zu trübselig," die Deutschen „zu nebelhaft." In ihren Augen vereinigt nur der Italiener die Kräfte des Hasses, der Berechnung, der List, der Verschwiegenheit, der Geduld, der Kaltblütigkeit und Grausamkeit, welche für den Sieg nothwendig sind. „Im Laufe der letzten Jahre haben wir unsere Sachen bedeutend vorwärts gebracht. Ueberall, im Norden wie im Süden, herrscht sociale Auflösung. Alles steht so ziemlich auf der gleichen Linie, unter welche wir das menschliche Geschlecht herabdrücken wollten. Die Arbeit der Verführung war nicht besonders schwer. In der Schweiz wie in Oesterreich, in Preußen wie in Italien, warten unsere Genossen nur auf das Zeichen, um die alte Maschine zu zertrümmern. Die Schweiz will damit anfangen, aber diese helvetischen Radicalen haben nicht das Zeug, um die geheimen Gesellschaften zum Sturme gegen Europa zu führen. Frankreich muß dem allgemeinen Tanze sein Siegel aufdrücken und seien Sie versichert, daß Paris seine Mission erfüllen wird." — „Ich habe in ganz Europa die Geister in großer Aufregung gefunden und Niemand kann sich mehr verhehlen, daß die alte Welt in allen ihren Fugen kracht und die Zeit der Könige vorüber ist. Die Ernte, die ich heimgethan habe, war reich; der Sturz der Throne ist für mich unzweifelhaft, seitdem ich in Frankreich, in der Schweiz, in Deutschland und bis nach Rußland hinein die Thätigkeit unserer Gesellschaften geprüft habe. Der Sturm, der von jetzt an einige Jahre lang gegen die Fürsten heranbrausen muß, wird sie unter den Trümmern ihrer ohnmächtigen Heere und ihrer hinfälligen Monarchien begraben; allein dieser Sieg ist nicht das, was uns zu so vielen Opfern veranlaßt hat. Wir streben nicht nach einer vereinzelten Revolution in dieser oder jener Gegend, denn das ist stets fertig zu bringen, wenn man nur ernstlich will. Wir waren vielmehr der Ansicht, daß der katholische und christliche Keim erstickt werden müsse, wenn man die alte Welt sicher umbringen will." — „Der Traum der geheimen Gesellschaften wird in Erfüllung gehen und zwar aus dem einfachen Grunde, weil er seine Wurzel in den menschlichen Leidenschaften hat. Wir dürfen also nicht muthlos werden, wenn irgendwo etwas mißlingt, oder wenn wir eine Niederlage erleiden. Wenn wir in unseren stillen Logen unsere Waffen schmieden, wenn wir alle unsere Batterien auffahren, allen Leidenschaften schmeicheln, den schlechte=

sten wie den edelsten, so ist aller Grund zu der Hoffnung vorhanden, daß der Plan eines Tages selbst über unsere kühnsten Berechnungen hinaus gelingen wird."

Das also ist der Plan. Betrachten wir nun die Mittel.

2) Die Corruption. Wir werden hier noch empörendere Geständnisse vernehmen.

„Wir sind, so heißt es, zu weit vorangeschritten, als daß wir uns mit dem Morde begnügen sollten. Was nützt ein todtgeschlagener Mensch? Wir dürfen daher das Verbrechen nicht individualisiren, sondern wenn es bis zum Patriotismus und zum Hasse gegen die Kirche angemessen emporgehoben werden soll, so müssen wir es generalisiren. Der Katholicismus fürchtet einen gespitzten Dolch ebensowenig, wie die Monarchien; allein unter der Corruption können diese beiden Fundamente der socialen Ordnung zusammenbrechen: wir dürfen also nie müde werden, fort und fort zu corrumpiren. Es ist in unserem Rathe beschlossen worden, daß wir keine Christen mehr wollen, wir müssen also das Laster unter dem Volke populär machen. Sie sollen es einathmen mit den fünf Sinnen, sie sollen es trinken und dann sich berauschen, bis sie über und über gesättigt sind. Machet die Herzen lasterhaft und ihr werdet keine Katholiken mehr haben." — Welch ein Lob, das hier der Kirche wider Willen gespendet wird! „Die Leiber müssen wir schonen, aber den Geist tödten. Die Sittlichkeit ist es, die wir packen müssen, wir müssen also das Herz verderben. Ich glaube dieses Mittel aus politischer Humanität vorschlagen zu müssen." — Bei Gelegenheit des unbußfertigen Todes zweier revolutionären Agenten, die zu Rom hingerichtet wurden, schrieb das Haupt der hohen Venta: „Daß sie als Verworfene gestorben sind, hat auf die Massen einen herrlichen Eindruck gemacht. Es war dieses die erste Proclamation der geheimen Gesellschaften und eine Besitznahme von den Seelen. Auf der Piazza del Popolo zu Rom, in der Hauptstadt des Katholicismus sterben, und zwar als Freimaurer und unbußfertig sterben, ist etwas Herrliches. — Träufelt das Gift in auserwählte Herzen ein, schrieb ein anderer jener eingefleischten Teufel, träufelt es in kleinen Dosen und gleichsam zufällig ein; ihr werdet selbst über den Erfolg staunen. Die Hauptsache ist, den Mann von seiner Familie loszureißen, und ihn der Häuslichkeit zu entwöhnen. Der Mann ist von Natur aus geneigt, den Sorgen der Haushaltung sich zu entziehen und leichtsinnigen Vergnügungen und verbotenen Genüssen nachzulaufen. Er liebt das lange Kannegießern des Kaffe und die Trägheit des Schauspielhauses. Ziehet und locket ihn dahin, gebet ihm zu verstehen, daß er eine wichtige Person sei, wirket so klug auf ihn ein, daß er Ekel an seinem Handwerke bekommt. Auf diese Weise, wenn ihr ihn von Frau und Kinder trennet, wenn ihr ihm begreiflich machet, wie beschwerlich alle seine Pflichten sind, werdet ihr ihm leicht Sehnsucht nach einer andern Existenz einflößen. Der Mensch wird als Rebell geboren, schüret diese Sehnsucht nach Rebellion bis zum Feuer; aber dieses Feuer darf vorläufig nicht ausbrechen. Es ist dieses die Vorbereitung zu dem großen Werke, welches ihr beginnen sollet." — „Zur Ausführung dieses großen Werkes, sagt uns der logische Advocat der revolutionären Sache, ist ein weites Gewissen nothwendig, welches vorkommenden Falles vor einer ehebrecherischen Verbindung nicht zurückbebt und keine Scheu trägt, Treue und Glauben zu brechen und die Gesetze der Menschheit mit Füßen zu treten."

Die hohe Venta selbst faßt dieses ganze höllische Complott in folgenden Worten zusammen: „Die Corruption im Großen ist es, die wir anstreben, die Corruption des Volkes durch den Klerus und des Klerus durch uns, die Corruption, mittelst deren wir eines Tages die Kirche zu Grabe tragen werden. Wenn man den Katholicismus vernichten wolle, hat man uns gesagt, müsse man zuerst das weibliche Geschlecht abschaffen. Die Bemerkung mag richtig sein; da wir aber das Weib nicht abschaffen können, so wollen wir das weibliche Geschlecht mit der Kirche corrumpiren. Das Beste wird gerade das Schlimmste, wenn es einmal verdorben ist. Dieses

Ziel ist so großartig, daß es für Männer, wie wir, wohl verlockend sein muß. Der beste Dolch, um die Kirche in das Herz zu treffen, ist die Corruption. Vorwärts also an das Werk, und nicht eher gerastet, als bis es vollbracht ist!"

3) **Die Verführung der Jugend und des Klerus.** Die „auserwählten Herzen" aber, welche die Revolution vorzugsweise in ihr Netz zu verlocken sucht, sind die Jünglinge und die Priester. Ja, sie versteigt sich sogar zu dem Gedanken, selbst einen Papst heranzuziehen.

„An die Jugend müsset ihr euch wenden, die Jugend müssen wir verführen und, ohne daß sie es merkt, unter unsere Fahne verlocken. Niemand darf euren Plan merken! Lasset die Greise und älteren Männer bei Seite und haltet euch an der Jugend, wo möglich schon an der Kindheit. Lasset nie ein gottloses oder unreines Wort vor derselben fallen, vermeidet dieses sorgfältig im Interesse unserer Sache. Den Schein und Anstrich des ernsten, sittlichen Mannes müsset ihr sorgfältig wahren. Ist einmal auf diese Weise euer Ruf in den Collegien, in den Gymnasien, Universitäten und Seminarien begründet, habet ihr das Vertrauen der Lehrer und Studirenden gewonnen, so schließet euch vorzugsweise an jene an, welche in den geistlichen Stand treten wollen. Hetzet und erhitzet diese feurigen, von patriotischem Stolze erfüllten Naturen! Gebet ihnen anfangs, aber ganz insgeheim, harmlose Bücher, dann erhitzet euere Schüler allmälig bis zu dem gewünschten Siedepunkte. Wird auf diese Weise überall gleichzeitig und täglich gearbeitet, so werden unsere Ideen sich verbreiten wie das Licht und ihr werdet die Weisheit dieses Verfahrens dann selbst einsehen."

„Suchet, in den Ruf eines guten Katholiken und reinen Patrioten zu kommen. Dieser Ruf wird unseren Doctrinen leicht den Zugang zu dem jungen Klerus und in die Klöster bahnen. In wenigen Jahren wird dieser junge Klerus nach dem natürlichen Laufe der Dinge alle Stellen besetzt haben; er wird regieren, er wird verwalten und richten, er wird im Rathe des Souveräns

sitzen, ja er wird berufen sein, den künftigen Papst zu
wählen, und dieser Papst, wie die meisten seiner Zeitge-
nossen, muß mehr oder minder unter dem Einflusse der
italienischen und humanitären Ideen stehen, die wir in
Umlauf gesetzt haben. Um diesen Zweck zu erreichen,
müssen wir alle Segel aufspannen." — „Wir müssen
die Erziehung der Kirche zu Unsittlichkeit bewirken und
durch allerlei kleine, stufenweise anzuwendende Mittel, die
sich nicht genau bestimmen lassen, es dahin bringen, daß
ein Papst der revolutionären Idee zum Siege verhilft. Dieser Plan ist mir immer als das Product übermenschlicher
Weisheit vorgekommen." Und in der That, er ist über-
menschlich, denn er stammt in gerader Linie vom Teufel.
Der Logenbruder, der sich unter dem Namen Nubius
verbirgt, schildert dann einen solchen revolutionären
Papst, wie er sich ihn vorstellt: einen schwachen, leichtgläubigen Menschen ohne Scharfblick, im übrigen an-
ständig und geachtet und von den demokratischen Principien durchdrungen. „Einen solchen Papst etwa könnten
wir brauchen, wenn wir ihn bekommen können. Mit
einem solchen Papste würden wir sicherer Sturm auf die
Kirche laufen, als mit der Brochürenliteratur unserer
Brüder in Frankreich und selbst mit dem Golde Eng-
lands. Um den Felsen zu sprengen, auf welchen Gott
seine Kirche gebaut hat, würden wir den kleinen Finger
des Nachfolgers Petri in das Complott verwickeln, und
dieser kleine Finger würde für einen solchen Kreuzzug
mehr werth sein, als alle Urban II. und alle St. Bern-
harde der Christenheit zusammen."

„Ihr wollet Italien revolutioniren? so fügen zum
Schlusse diese Sendlinge der Hölle bei, — nun so suchet
erst den Papst, von welchem wir euch ein Bild entworfen
haben. Der Klerus muß unter euerer Fahne marschiren
und dabei stets in der Einbildung leben, daß er dem
Banner mit den apostolischen Schlüsseln folge. Ihr
wollet die Tyrannen und die Unterdrücker bis auf die
letzte Spur vertilgen, — nun so werfet euere Netze aus,
werfet sie aus in die Sakristeien, in die Seminarien und
Klöster und wenn ihr euch dabei nicht überstürzet, so

versprechen wir euch einen ganz wunderbaren Fischfang; ihr werdet eine Revolution mit Tiare und Chorkappe fischen, die mit Kreuz und Fahnen auszieht; eine Revolution die nur ein klein wenig angespornt zu werden braucht, um die Welt an allen vier Ecken in Brand zu stecken." Die Leute fühlen selbst, daß Alles auf dem Papste beruht!

Es ist dabei tröstlich, zu erfahren, wie sie zu ihrem Aerger eingestehen müssen, daß sie weder das heilige Collegium, noch die Gesellschaft Jesu einfädeln konnten. „Die Cardinäle sind allen unsern Schlingen entgangen. Die bestberechneten Schmeicheleien haben zu nichts geführt, nicht ein einziges Mitglied des heiligen Collegiums ist in das Netz gegangen. Ebenso sind unsere Versuche bei den Jesuiten völlig gescheitert. Seitdem wir conspiriren, konnten wir auch nicht eines einzigen Ignatianers habhaft werden und es wäre wohl einer Untersuchung werth, woher diese gleichförmige Hartnäckigkeit kommt und weshalb wir noch bei keinem einzigen die schwache Seite entdecken konnten?" Frommer Weise wird dann beigefügt: „Wir haben zwar keine Jesuiten unter uns, allein wir können ja immer sagen und durch Andere es verbreiten lassen, daß wir deren haben. Es kommt das auf Eines heraus und derselbe Zweck wird erreicht."

4) **Verläumbung und Lüge.** Der Teufel ist der Vater der Lüge. Die erste Revolution wurde durch eine Lüge bewirkt: Ihr werdet Gott gleich sein. Alle übrigen Revolutionen sind Töchter dieser ersten und werden auf dieselbe Weise fertig gemacht. Je bedeutender sie sind, desto mehr lügen sie. Heutzutage gehen aber die Lügen, die Heucheleien und Sophismen, welche gegen die Kirche mit höllischer Kunst gewoben werden, zahlreicher unter uns um, als die Atome in der Luft. Woher kommt das? Höret die Lehren der Revolution.

„Die Geistlichen sind in der Regel ehrlich und vertrauensvoll; saget dem Volke sie seien heimtückisch und falsch. Die große Masse hat von jeher eine außerordentliche Neigung zur Unwahrheit, betrüget sie. Sie will ja betrogen fein." — „Mit den alten Cardinälen und jenen Prälaten, deren Charakter entschieden ist, scheint nicht viel anzufangen. Wir müssen daher aus unserer Rüstkammer, wo die Mittel zur Popularität und Unpopularität liegen, jene Waffen hervorholen, die ihre Wirksamkeit lähmen oder lächerlich machen. Ein einziges zur rechten Zeit erfundenes Wort, das man in ein paar auserwählten, anständigen Familien absichtlich verbreitet, damit es von dort aus seinen Weg in die Kaffeehäuser und aus den Kaffeehäusern auf die Straße finde, ein einziges Wort kann mitunter einen Menschen tödten. Wenn ein solcher Prälat zu euch kommt, um ein öffentliches Amt zu übernehmen, so erforschet sogleich seinen Charakter, seine Vergangenheit, seine Eigenthümlichkeiten und namentlich seine Fehler. Umgebet ihn mit allen Schlingen, die ihr ihm legen könnet, saget ihm Dinge nach, welche die kleinen Kinder und die alten Weiber erschrecken; schildert ihn als grausam und blutdürstig; erzählet von ihm einige Züge von Gewaltsamkeit, die sich dem Gedächtnisse des Volkes leicht einprägen. Wenn die fremden Blätter von uns diese Berichte erhalten haben, die sie aus Respect vor der Wahrheit unfehlbar noch ausschmücken werden, so verbreitet oder lasset vielmehr durch irgend einen achtbaren Gimpel (zur Notiz für die Colporteure religiöser Scandale!) die Blätter verbreiten, in welchen die Namen und erdichteten Ercesse der Personen angegeben sind. Wie in Frankreich und England, so wird es auch in Italien nie an Federn fehlen, welche sich für Lügen, die der guten Sache nützlich sind, zu spitzen wissen (zur Notiz für die Zeitungsschreiber!). Wenn es einmal in der Zeitung steht, so braucht das Volk keinen andern Beweis mehr. Das Volk steht noch in den Kinderschuhen des Liberalismus und glaubt den Liberalen." Mit diesen Leuten verglichen war der alte Voltaire ein wahrer Stümper!

5) Die Freimaurerei. Verrathen wird man nur durch seine eigenen Leute. Die Freimaurerei bietet alles Mögliche auf, um uns den Glauben beizubringen, daß sie die harmloseste und abgeschmackteste aller philanthro=

pischen Gesellschaften sei. In dem Nachfolgenden entwirft indessen die Revolution, vielleicht etwas unklug, ein wahres Bild von ihr.

„Wenn ihr den Leuten Ekel am Familienleben und der Religion beigebracht habet, — beide Dinge gehen gewöhnlich Hand in Hand mit einander, — so lasset ein paar Worte fallen, welche den Wunsch in ihnen rege machen, in die nächstgelegene Freimaurerloge aufgenommen zu werden. Diese Eitelkeit des Philisters, Maurer zu werden, ist so gewöhnlich und allgemein, daß ich stets in tiefer Ehrfurcht vor der menschlichen Dummheit mich gebeugt habe. Mitglied einer Loge zu sein, vor Frau und Kindern ein Geheimniß bewahren zu müssen, das man selbst nie erfährt, ist für gewisse Leute eine wahre Lust und das ganze Streben ihres Ehrgeizes. Die Logen sind ein Depot, eine Art von Gestüte, ein Centrum, durch welches man hindurchgehen muß, ehe man zu uns gelangt. Ihre falsche Philanthropie ist vorzugsweise eine gastronomische und dreht sich um den eigenen Magen; allein es werden Zwecke dadurch erreicht, die man nie aus dem Auge verlieren darf. Wenn man die Leute lehrt, das Weinglas als Waffe zu führen, so wird man Herr über ihren Willen, über ihren Geist und ihre Freiheit. Man lernt sie kennen, man verfügt über sie, man leitet sie nach Belieben; man erräth ihre Neigungen und Tendenzen und wenn der Mann auf diese Weise reif für uns gemacht ist, so führt man ihn in die geheime Gesellschaft, zu welcher die Freimaurerei nur eine schlecht beleuchtete Vorhalle ist."

„Auf die Logen zählen wir, um die Zahl unserer Mitglieder zu verdoppeln; sie bilden ein Noviziat und eine Vorbereitungsschule für uns, ohne es zu wissen. Sie führen unendlich langweilige Reden über die Gefahren des Fanatismus, über das Glück der socialen Gleichheit und über die großen Principien der religiösen Freiheit; zwischen dem Mittag- und Abendessen speien sie Feuer und Flamme gegen die Intoleranz und Verfolgungssucht. Das ist mehr als genug, um unter ihnen Genossen für uns zu werben. Ein Mensch, der einmal zu diesen schönen Grundsätzen sich bekennt, ist nicht mehr weit von uns entfernt, man braucht ihn nur auszuheben und in das Regiment zu stecken. Die Grundbedingung des socialen Fortschrittes liegt hier und zwar ganz; ihr brauchet euch nicht die Mühe zu geben, sie anderwärts aufzusuchen. Lasset aber nie die Maske fallen, treibet euch schnüffelnd um den katholischen Schafstall umher und schnappet als ächte Wölfe das erste beste Lämmlein weg, welches euch bei Gelegenheit in den Rachen fällt."

Die Logen selbst haben übrigens diese Schilderung bestätigt und lassen uns die Verkehrtheit dieser mächtigen, angeblich so harmlosen Institution mit Händen greifen. „Wenn die Maurerei, sagte neulich einer ihrer vornehmsten Hochwürdigen, sich bloß in jenem engen Kreise bewegen sollte, den man ihr ziehen will, — wozu dann ihre großartige, umfassende Organisation und ungeheure Entwicklung? Die Stunde des Kampfes ist da, die Gefahr wird unermeßlich, wir müssen handeln. Auf allen Seiten organisirt sich der Feind. Die Hydra des Mönchthumes (darunter wird die gesammte katholische Hierarchie verstanden), so oft schon erwürgt, bedroht uns von Neuem mit ihrem häßlichen Rachen. Umsonst gaben wir uns mit dem achtzehnten Jahrhundert dem Wahne hin, daß wir die Infame erwürgt; die Infame ist wieder lebendig geworden, kräftiger, intoleranter, raubsüchtiger und hungriger, als je. Wir müssen Altar gegen Altar, Lehre gegen Lehre aufbauen." Endlich legen die Ritter der Maurerei den Eid ab, „die Könige und religiösen Fanatiker als Geißeln des armen Volkes und der Welt anzusehen und sie stets zu verabscheuen." Alles das sind Auszüge aus den offiziellen Reden, die in den letzten Jahren von den Großmeistern und anderen Hochwürdigen in zahlreichen Versammlungen gehalten worden sind, „wo die Herzen sich erleichterten und wo man offen das aussprach, was Jeder bei sich dachte."

Begreifet ihr jetzt, warum der heilige Stuhl die Freimaurerei verworfen hat, und weshalb es unter Strafe der Excommunication verboten ist, Freimaurer zu werden?

6) **Die Benutzung der Fürsten.** Die Revolution sucht die Fürsten an sich zu ziehen, um mit ihrer Hülfe die Monarchie und die Kirche desto wirksamer zu untergraben. Die hohe Venta selbst hat die Güte, den Fürsten und uns Aufschluß darüber zu geben.

„Der Bürger hat seinen Werth, allein ein Fürst ist noch mehr werth. Die hohe Venta wünscht daher, daß man unter diesem oder jenem Vorwande so viele Fürsten und Reiche als möglich in die Freimaurerlogen hereinziehe. Prinzen aus souveränen Häusern, die keine Aussicht haben, legitime Könige von Gottes Gnaden zu werden, wollen es alle durch die Gnade einer Revolution werden. Es fehlt in Italien und anderwärts nicht an solchen, welche nach den bescheidenen Ehren des symbolischen Schurzfelles und der Kelle schmachten. Andere sind enterbt oder geächtet. Schmeichelt allen diesen Leuten, die nach Popularität haschen, fanget sie für die Maurerei; die hohe Venta wird später sehen, was sie mit ihnen für die Sache des Fortschrittes anfangen kann. Ein Prinz, der kein Land als Erbschaft in Aussicht hat, ist für uns ein vortrefflicher Fang und es gibt viele, die sich in dieser Lage befinden. Machet sie zu Freimaurern, sie werden für alle Dummköpfe, Intriguanten, Spießbürger und Lumpen als Leimruthe dienen. Die armen Prinzen werden für uns arbeiten, während sie bloß für sich Geschäfte zu machen glauben! Sie sind ein herrliches Aushängeschild und es gibt stets Gimpel genug, welche sich bei einer Verschwörung compromittiren, wenn nur ein Prinz an der Spitze derselben zu stehen scheint."

7) **Die von der Kirche getrennten Secten.** Auch diese sind ein mächtiger Bundesgenosse, deren brüderliche Mitwirkung die Häupter der Revolution hoch rühmen. Was sind sie auch anderes diese Secten, als das Princip der Empörung gegen die Autorität der Kirche Jesu Christi, in die Praxis und das Leben eingeführt? Im Namen eines falschen religiösen Principes zertrümmern sie in der ganzen Welt das einzig wahre religiöse Princip, das einzig wahre Christenthum, die einzige wahre Kirche;

fie befördern ben Hochmuth, die Unbotmäßigkeit, die Unordnung und Anarchie. Braucht die Revolution, braucht die große allgemeine Empörung mehr, um das Sectenwesen zu fördern und zu hätscheln?

„Die Secten, sagt der bekannte Democrat Edgar Quinet, sind tausend offene Thüren, durch welche man aus dem Christenthum hinausgeht" und nachdem er die Nothwendigkeit auseinandergesetzt, aller Religion ein Ende zu machen, fährt er also fort:

Um zu diesem Ziele zu gelangen thuen sich zwei Wege vor euch auf. Ihr könnet entweder gleichzeitig mit dem Katholicismus alle Religionen der Erde und namentlich die christlichen Secten angreifen; in diesem Falle habet ihr aber die ganze Welt gegen euch. Oder ihr könnet euch mit Allem waffnen, was dem Katholicismus feind ist, namentlich mit allen Secten, die ihn bekämpfen; ihr könnet damit den gewaltigen Impuls der französischen Revolution verbinden und dadurch den Katholicismus in die größte Gefahr bringen, in welcher er bis jetzt geschwebt hat. Deßhalb wende ich mich an alle Ueberzeugungen, an alle Religionen, die Rom bis jetzt bekämpft haben: sie alle, mögen sie nun wollen oder nicht, stehen in unseren Reihen, weil ihre Existenz im Grunde mit der Herrschaft Roms ebenso unverträglich ist, wie die unsrige. Es kämpfen also nicht nur Rousseau, Voltaire und Kant mit uns gegen die „ewige Unterdrückung," sondern auch die ganze Schaar jener Geister, die mit ihrer Zeit und mit ihrem Volke gegen denselben Feind sich erhoben haben, der uns in diesem Augenblicke den Weg versperrt. Gibt es etwas Logischeres auf der Welt, als alle Revolutionen, welche seit dreihundert Jahren aufgetaucht, in einem einzigen Pfeilbündel zusammenzufassen und sie zu Einem Kampfe zu vereinigen, um den Sieg über die Religion des Mittelalters zu vollenden? Wenn das sechszehnte Jahrhundert halb Europa aus den Banden des Papstthumes gerissen hat, — ist es da von dem neunzehnten zu viel verlangt, daß es das halbvollbrachte Werk ganz zu Ende führe?"

Das Christenthum, „diesen hinfälligen, unheilbrin-

genten Aberglauben" zu vernichten, ist also der einge=
standene Zweck jenes Bundes, zu welchem, „sie mögen
wollen oder nicht," auch die Secten gehören. Was
sagst du zu alle Dem, lieber Leser? Ist die Revolution
etwas Großes und Edles? ist sie unserer Sympathien
würdig? Läßt sich ihr Wirken mit dem Christenglauben
vereinbaren? ist es eine Verläumdung, wenn wir sie
als abscheulich und satanisch verdammen?
Tertullian hat in der alten Zeit vom Christenthume
gesagt: „das Christenthum hat nur Eine Besorgniß;
es fürchtet nur Eines, nämlich daß es nicht genügend
erkannt werde." Die Revolution sagt das gerade Ge=
gentheil: sie fürchtet nur das Licht. Das Licht muß
ihr, ich will nicht einmal sagen alle religiösen, es muß
ihr schon alle ehrlichen Leute entfremden.

**IX. Die Revolution nimmt, um sich Bahn zu
brechen, die heiligsten Namen an.**

Wenn die Revolution sich so zeigte, wie sie in Wahr=
heit ist, so würde sie allen ehrlichen Leuten Entsetzen ein=
jagen. Sie verhüllt sich darum unter allerlei ehrwürdige
Namen, wie der Wolf in den Schafspelz.

Weil die Revolution weiß, mit welcher hohen Ehr=
furcht die Kirche seit achtzehnhundert Jahren die Ideen
der Freiheit, des Fortschrittes, des Gesetzes, der Autori=
tät und Civilisation umgeben hat, so putzt sie sich mit
allen diesen ehrwürdigen Namen auf und verführt auf
diese Weise eine Menge Leute, die es im Grunde ihres
Herzens nicht bös meinen. Wenn man sie hört, so will
sie nichts Anderes, als das Glück der Völker, die Ab=
schaffung aller Mißbräuche, die Beseitigung alles Elen=
des; sie verspricht Allen Wohlsein, Glück und den An=
bruch eines bis jetzt noch nicht dagewesenen goldenen
Zeitalters.

Glaubet nicht daran! Ihr Vater, die alte Schlange
im Paradiese, hat ebenso zu der armen Eva gesagt:
„Fürchte nichts, sondern höre auf mich und ihr werdet
sein, wie die Götter." Nun man weiß, was für Götter
wir geworden sind! Die Völker, welche auf die Stimme

der Revolution hören, werden sehr bald gerade durch das bestraft, wodurch sie gesündigt haben. Wenn die Städte auch verschönert werden, die Eisenbahnen sich ausdehnen und die Industrie gedeiht (was übrigens, noch einmal sei es gesagt, keine That der Revolution, sondern das bloße Resultat eines natürlichen Fortschrittes ist), so nimmt gleichzeitig auch das öffentliche Elend überall zu, Freude und Heiterkeit sind dahin, Alles verfällt dem Materialismus, die Abgaben werden zehnmal höher als früher, und alle Freiheiten verschwinden. Im Namen der Freiheit kommt man allmälig zu der brutalen Sklaverei des Heidenthumes zurück; im Namen der Civilisation gehen alle Früchte verloren, welche das Christenthum der Barbarei abgerungen hat; im Namen des Gesetzes bürdet eine Autorität ohne Zügel und Controle uns alle ihre Launen auf. Und das nennt man dann Fortschritt?

Wie sollte auch das Gute hervorgehen aus dem Bösen? und wie könnte das Princip der Zerstörung irgend etwas aufbauen? „Unser Prinzip, hat ein rücksichtsloser Revolutionär gesagt, ist die Läugnung alles und jeden Glaubens, unser Ziel das Nichts. Läugnen und immer wieder läugnen ist unsere Methode, sie hat uns dahin geführt, daß wir in der Religion den Atheismus, in der Politik die Anarchie, in der Nationalökonomie das Nichteigenthum als Princip aufgestellt haben."

Hütet euch also vor der Revolution, hütet euch vor dem Satan, unter welchem Namen er sich auch immer bergen möge! Arme Schafe, wann werdet ihr endlich auf die Stimme des guten Hirten hören, der euch gegen den Rachen des schleichenden Wolfes vertheidigen und dem Raubthiere den heuchlerischen Pelz abreißen will, unter dessen Hülfe es mitten in den Schafstall schleicht?

X. Die Presse und die Revolution.

Die Presse ist von Natur weder gut noch böse. Sie ist eine gewaltige Erfindung, die eben so gut dem Bösen wie dem Guten dienen kann; Alles hängt von dem Gebrauche ab, der davon gemacht wird.

Es liegt indessen auf der Hand, daß in Folge der Erbsünde die Presse vielmehr dem Bösen gedient hat, als dem Guten und daß ein furchtbarer Mißbrauch damit getrieben wird.

In unserem Jahrhundert ist die Presse der gewaltigste Hebel der Revolution. Wenn wir nur den Journalismus in's Auge fassen, welcher der thätigste und einflußreichste Theil der Presse ist, so läßt sich nicht verkennen, daß die Zeitungen die größte Gefahr für den Thron wie für den Altar sind. In Frankreich zum Beispiel, um bei diesem stehen zu bleiben, sind unter fünfhundert vierzig Zeitungen vielleicht keine dreißig, welche wahrhaft christlich sind. Auf achtzig- oder hunderttausend Leser jener Zeitungen, welche den Glauben, die Kirche, die Regierung respectiren, kommen fünf bis sechs Millionen Menschen, die alle Tage das zerstörende Gift einschlürfen, das ihnen die gottlosen Zeitungen tropfenweise präsentiren.

In den Händen der Revolution ist die Presse, man verzeihe mir den Ausdruck, weiter nichts als eine große Vogelorgel für den Menschen. Wenn man einen Vogel eine Melodie lehren will, so leiert man ihm dieselbe zehn oder zwanzig Mal des Tages auf einem eigens zu diesem Zwecke gebauten Instrumente vor. Die Führer der revolutionären Partei bedienen sich dazu der Presse, um, wie man sagt, die öffentliche Meinung zu bilden und die Köpfe mit ihren unglückseligen Ideen anzufüllen; jeden Tag drehen sie die Orgel, jeden Tag wiederholen sie in ihren Blättern die Melodie, welche sie dem Publicum eben mundgerecht machen wollen und — die Vögel pfeifen sie nach. Das nennt man dann „öffentliche Meinung!"

Was die Kirche betrifft, welche diese Melodie nicht lernen will, so versucht man mit ihr ein anderes Mittel: man sucht sie einzuschläfern. Die Revolution behauptet, wie alle Welt weiß, daß die katholische Kirche nicht mehr auf der Höhe der Zeit stehe und gibt sich mit heuchlerischem Wohlwollen den Anstrich, als wolle sie dieselbe nach den modernen Ideen umgestalten; im Grunde will sie dieselbe tödten. Sie schleicht sich daher zu Kirche heran und hält ihr ihr zweideutiges Werkzeug, die Presse, vor; es werden nun schöne und süße Worte gemacht, ja sogar fromme Erklärungen abgegeben, um die Wächter des Glaubens einzuschläfern. Wenn aber dann die Kirche mißtrauisch ist, wenn der Papst und die Bischöfe nicht mit sich spielen lassen, — dann wirft die Revolution die Maske ab, wandelt ihr Werkzeug in eine Kriegsmaschine um und greift offen den Feind an, der sich von ihr weder belehren noch bethören ließ.

Was ich hier von dem Zeitungswesen in Frankreich gesagt, gilt in vielleicht noch höherem Grade von England, von Belgien, von Deutschland, der Schweiz und namentlich von Piemont und dem armen Italien. Jeden Tag erscheinen vierzehn- oder fünfzehnhundert Zeitungen in Europa, — wie viele davon sind wohl der Kirche aufrichtig zugethan?

Wenn man indessen ein wenig in die Geheimnisse der Redactionsbureau's eingeweiht ist, so ergibt sich von selbst, daß es nicht anders sein kann. Mit Ausnahme einiger wenigen ehrenhaften Persönlichkeiten, treiben die Journalisten von Profession weiter nichts, als ein förmliches Handwerk auf Kosten des Publicums. Sie haben weder eine religiöse, noch eine politische Ueberzeugung; ihr Gewissen liegt in ihrem Dintenfaß und ihre Dinte verkaufen sie an den, welcher ihnen am meisten bietet. Nach dem Interesse ihres Beutels, der in Folge ihrer Lüderlichkeit gar oft leer ist, schreiben sie mit „edlem" Eifer bald für bald gegen eine Sache und machen sich dabei über ihre leichtgläubigen Leser lustig. Sie schmeicheln dem Oppositionsgeiste, um die Zahl ihrer Abonnenten zu vermehren und die schlechtesten und geistlosesten Blätter sind oft diejenigen, welche die besten Geschäfte machen. Das sind nun die Erzieher der Menschheit! In solche Hände ist das öffentliche Gewissen gefallen!

Unter dem Drucke der geheimen Gesellschaften feuert die revolutionäre Journalistik aus allen ihren Federn gegen die Kirche; sie wird den Glauben in Europa noch völlig zu Grunde richten, wenn Gott in seiner Barmherzigkeit sich nicht beeilt, diesem ungeheuern höllischen Complott ein Ende zu machen.

XI. Die Principien (Grundrechte) vom Jahre 1789.

Alle Welt spricht heutzutage von den „Principien von 1789" und fast kein Mensch weiß, was es ist. Es kann uns das im Grunde nicht Wunder nehmen, denn ihr Wortlaut ist so dehnbar und unbestimmt, daß Jeder darin finden kann, was er will. Wohlmeinende, aber etwas kurzsichtige Leute sehen darin nicht gerade etwas Schlechtes, während die Demagogen darauf schwören und sie überaus hoch halten. Man überbietet sich auf eine ganz merkwürdige Weise in der Liebe für diese Prinzipien, denn sie sind auf wenigstens zwanzig verschiedene, mit einander rivalisirende Banner eingeschrieben. Alle Welt vertheidigt sie gegen alle Welt und nach der Ansicht aller Welt werden sie von aller Welt gefälscht, compromittirt oder verrathen. Wir wollen nun mit der unfehlbaren Leuchte des katholischen Glaubens es versuchen, nicht sie zu fälschen, zu compromittiren oder zu verrathen, sondern sie recht zu verstehen, wir wollen in ihre Tiefen eindringen und in ihren geheimen Falten die alte Schlange aufsuchen, welche die Seele derselben ist. Wir wollen nichts übertreiben, aber wir wollen uns Mühe geben, nichts zu übersehen.

Wenn man vor Allem jene Männer, welche man mit Stolz die Väter der Freiheit, die Gründer der modernen Societät nennt, an der Arbeit betrachtet, so werden wir, um mit den Worten Bossuets zu reden, bald sehen „ob diejenigen, welche man uns als Reformatoren des Menschengeschlechtes rühmt, die Leiden des Volkes vermindert oder vermehrt haben, ob man sie für Reformatoren zu halten hat, welche die Menschheit bessern oder vielmehr für Geißeln, welche Gott gesandt hat, um sie zu züchtigen."

Im Jahre 1789, als die constituirende Nationalversammlung mit dem Rechte des Stärkern die alte Verfassung der Kirche in Frankreich vernichtete; am 4. August die auf den besten Rechten ruhenden Grundzinsen aufhob, von welchen sie lebte; am 27. September unsere Kirche ihrer heil. Gefäße beraubte; am 18. October die religiösen Orden aufhob; am 2. November die Kirchengüter stahl und auf diese Weise jenen ketzerischen und schismatischen Act vorbereitete, welcher die „bürgerliche Verfassung des Klerus" genannt wird, und im folgenden Jahre veröffentlicht wurde, — um dieselbe Zeit formulirte dieselbe Versammlung in siebzehn Artikeln jenes Actenstück, das man die Erklärung der Menschenrechte nennt, aber richtiger eine Aufhebung der Rechte Gottes nennen würde. Diese Artikel enthalten gewisse soziale Principien, und diese Sätze sind es, die unter dem Namen der „Principien von 1789" berühmt geworden sind.

Einige Katholiken haben in der lobenswerthen Absicht, der Kirche die Sympathie der modernen Societät zu erwerben, — freilich mühsam genug, — den Nachweis versucht, daß die Principien dieser berühmten Erklärung weder dem Glauben noch den Rechten der Kirche entgegen seien. Dieser Satz ließe sich vielleicht vertheidigen, wenn man bei einer solchen, durch und durch praktischen Frage sich ausschließlich an den strengen grammatischen Wortsinn halten und von dem Geiste, welcher diese Declaration beseelt, von dem Geiste, der sie dictirt hat, von dem Geiste, der sie zur Anwendung bringt und ihren wahren Sinn offenbart, ganz absehen könnte. Unglücklicher Weise sind aber die Principien von 1789 kein todter Buchstabe, sie sind in Thatsachen, in Gesetzen und Attentaten, die über ihren wahren Charakter keinen Zweifel bestehen lassen, praktisch geworden; die Revolution, die antichristliche Revolution proclamirt sie als ihre Principien und schreibt ihnen den glorreichen Erfolg ihrer eigenen Bestrebungen zu; die Revolutionäre machen sie fortwährend gegen die Kirche geltend.

Woher kommt es also, daß die famosen Principien nicht den Abscheu und Widerwillen aller ehrlichen Leute erregen? — Daher, weil das Wahre in denselben sehr schlau mit dem Falschen vermischt ist und das Falsche dort, wie überall, unter dem Deckmantel des Wahren durchschlüpft.

Unter den Prinzipien von 1789 sind allerdings mehrere ganz gute und alte Wahrheiten des französischen oder des christlichen öffentlichen Rechtes, welche durch die Mißbräuche des gallicanischen Cäsarismus in Vergessenheit gerathen waren und die dann von der naiven Unwissenheit unserer constituirenden Volksvertreter für wunderbare neue Entdeckungen gehalten wurden. Andere sind Wahrheiten des gesunden Menschenverstandes, die man heutzutage nicht mehr mit solchem Pathos aussprechen würde; aber alle diese Principien werden durch ein Princip beherrscht, welches dieser ganzen Erklärung ihren wahren Geist gibt: durch das revolutionäre Princip der absoluten Unabhängigkeit der Societät, welche hiermit erklärt, daß sie von nun an jede christliche Leitung verwerfe, von Niemanden mehr abhänge als von sich selbst, kein anderes Gesetz mehr habe als ihren Willen, ohne sich um das zu bekümmern, was Gott durch seine Kirche lehrt und vorschreibt. Der Wille des souveränen Volkes an der Stelle des Willens des souveränen Gottes, das menschliche Gesetz, welches die geoffenbarte Wahrheit mit Füßen tritt, das rein natürliche Recht völlig absehend vom katholischen Rechte; mit einem Worte, angebliche Menschenrechte, welche die ewigen Rechte Jesu Christi verdrängen sollen, — das ist im Grunde die Erklärung von 1789.

Bis dahin war die Kirche immer als das Organ Gottes sowohl den Gesellschaften als den Individuen gegenüber anerkannt worden und wenn auch seit einigen Jahrhunderten dieses Recht der oberen moralischen Leitung in der Praxis verkannt war, so hatte man doch noch nie gewagt, es förmlich zu läugnen.

Die Principien von 1789 sind also, wenn man sie einzeln betrachtet, durchaus nicht alle revolutionär; allein in ihrem Ganzen und namentlich nach dem sie beherrschenden Grundgedanken sind sie eine freche Empörung des Menschen gegen Gott und ein sacrilegischer Riß zwischen der Gesellschaft und unserem Herrn Jesus Christus, dem König der Völker und König der Könige. Wir verwerfen in den Principien von 1789 nur jenes

Element der antichristlichen Empörung; die großen Grundsätze der wahren Freiheit, der wahren Gleichheit und der allgemeinen Brüderlichkeit aber weisen wir nicht zurück, sondern nehmen sie gerade als die unserigen, als katholische in Anspruch, während die Revolution sie verfälscht hat und ihre Aussage, daß sie erst diese Grundsätze in die Welt gebracht, eine Lüge ist.

In seinem Gewissen kann ein Katholik sich nicht zu allen Principien von 1789 bekennen. Noch viel weniger kann er den Geist gutheißen, der sie dictirt hat und seit ihrem Erscheinen sie erläutert und zur Anwendung bringt. Da indessen dieser Gegenstand sehr verwickelt ist, so müssen wir näher darauf eingehen.

XII. Wortlaut und Erörterung dieser Principien vom religiösen Gesichtspunkte aus.

Im Nachfolgenden gebe ich die siebzehn Artikel dieser revolutionären Erklärung der Menschenrechte.

Nach einer wirren und vagen Einleitung in dem schwülstigen Style Rousseau's erklären die constituirenden Volksvertreter, daß sie ihre Principien „im Angesichte und unter dem Schutze des höchsten Wesens" verkündigen. Es ist bekannt, was diese Voltairianer unter dem „höchsten Wesen" verstanden; es war die directe Läugnung des lebendigen, persönlichen Gottes, des einzigen wahren Gottes, des Gottes der Christen, unseres Herrn Jesu Christi, der in der Welt lebt und regiert durch seine Kirche und durch den Papst, seinen Stellvertreter. Es versteht sich von selbst, das die constituirenden Volksvertreter ihre berüchtigte Erklärung nicht im Angesichte dieses unseres Herrn und Heilandes und noch weniger unter seinem Schutze ausgearbeitet haben.

Die bedenklichen Artikel, die zweideutigen Phrasen, die arglistigen Schlingen lasse ich mit gesperrter Schrift drucken und behalte mir vor, sie dann so kurz als möglich zu besprechen, um auf diesem neuen Gebiete die Spreu von dem Weizen wohl zu unterscheiden.

Art. 1. **Die Menschen werden frei und gleich an Rechten geboren und bleiben die-**

fes. Die focialen Verſchiedenheiten können keinen andern Grund haben, als den allgemeinen Nutzen.

Art. 2. Zweck jeder politiſchen Aſſociation iſt die Wahrung der natürlichen und unverjährbaren Rechte des Menſchen. Dieſe Rechte ſind die Freiheit, die Sicherheit und der Widerſtand gegen die Unterdrückung.

Art. 3. Das Princip aller Souveränetät ruht weſentlich in dem Volke; keine Körperſchaft, keine Perſon kann eine Autorität ausüben, die nicht ausdrücklich vom Volke ausgeht.

Art. 4. Die Freiheit beſteht darin, daß man Alles thuen kann, was einem Andern nicht ſchadet.

Art. 5. Das Geſetz hat nur das Recht, jene Handlungen zu verbieten, welche der Geſellſchaft ſchaden. Alles, was durch das Geſetz nicht verboten iſt, kann nicht verhindert und Niemand kann gezwungen werden, etwas zu thuen, was das Geſetz nicht befiehlt.

Art. 6. Das Geſetz iſt der Ausdruck des allgemeinen Willens. Alle Bürger haben das Recht, perſönlich oder durch ihre Vertreter bei deſſen Abfaſſung mitzuwirken. Das Geſetz muß das gleiche ſein für Alle, mag es nun ſchützen oder ſtrafen. Da alle Bürger vor dem Geſetze gleich ſind, ſo ſind ſie auch zu jeder Würde, zu allen öffentlichen Stellen und Aemtern zuzulaſſen, je nach ihrer Fähigkeit und ohne daß ein anderer Unterſchied ſtattfindet, als jener, der in ihren Tugenden und Talenten begründet iſt.

Art. 7. Niemand kann angeklagt, verhaftet und in Haft gehalten werden, außer in den durch das Geſetz beſtimmten Fällen und nach den Formen, die es vorgeſchrieben hat. Wer willkührliche Befehle erwirkt, erläßt, ausführt oder ausführen läßt, ſoll beſtraft werden; dagegen muß jeder Bürger, der kraft eines Geſetzes vorbeſchieden, oder in Haft genommen wird, augenblicklich gehorchen; durch Widerſtand macht er ſich eines Vergehens ſchuldig.

Art. 8. Das Gesetz soll keine anderen Strafen festsetzen, als solche, welche streng und augenfällig nothwendig sind, und Niemand kann bestraft werden, außer in Kraft eines Gesetzes, das vor dem Vergehen erlassen und verkündigt worden ist und in gesetzlicher Weise angewendet wird.

Art. 9. Da jeder Mensch für unschuldig gehalten werden muß, so lange er nicht für schuldig erklärt worden, so muß, wenn es unerläßlich ist ihn zu verhaften, jede Härte, die nicht nothwendig ist, um seiner Person sich zu versichern, von dem Gesetze streng untersagt werden.

Art. 10. **Niemand darf wegen seiner Ansichten, selbst der religiösen, behelligt werden, vorausgesetzt, daß ihre Kundgebung die öffentliche Ordnung, wie sie durch das Gesetz festgesetzt ist, nicht störe.**

Art. 11. **Die freie Mittheilung der Gedanken und Meinungen ist eines der kostbarsten Rechte des Menschen; jeder Bürger kann also reden, schreiben und drucken lassen, was er will, unter der Voraussetzung, daß er verantwortlich ist für den Mißbrauch dieser Freiheit in den Fällen, welche das Gesetz bestimmt.**

Art. 12. Die Wahrung der Rechte des Menschen und Bürgers macht eine öffentliche Gewalt nothwendig; diese Gewalt ist also eingesetzt zum Vortheile Aller und nicht für den besondern Nutzen Derjenigen, welchen sie anvertraut ist.

Art. 13. Für den Unterhalt der öffentlichen Gewalt und zur Bestreitung der Verwaltungskosten ist eine allgemeine Steuer unerläßlich; sie soll gleichmäßig unter alle Bürger je nach ihrem Vermögen vertheilt werden.

Art. 14. Alle Bürger haben das Recht, in eigener Person oder durch ihre Vertreter die Nothwendigkeit der öffentlichen Steuer nachzuweisen, sie frei zu verwilligen, die Verwendung derselben zu überwachen, ihre Art und Weise, gleichmäßige Vertheilung, Erhebung und Dauer zu bestimmen.

Art. 15. Die Gesellschaft hat das Recht, von jedem öffentlichen Beamten Rechenschaft über seine Verwaltung zu fordern.

Art. 16. Jede Gesellschaft, in welcher die Bürgschaft der Rechte nicht gesichert und die Trennung der Gewalten nicht fest bestimmt ist, hat keine Verfassung.

Art. 17. Da das Eigenthum ein unverletzliches und heiliges Recht ist, so kann Niemand desselben beraubt werden, außer wenn die öffentliche Nothwendigkeit offenbar es fordert und unter der Bedingung einer gerechten und vorgängigen Entschädigung.

Wie man sieht, sind viele dieser Artikel völlig harmlos, wenigstens vom religiösen Standpunkte aus, welcher der wichtigste ist und den ich hier vorzugsweise im Auge habe. Unter den übrigen Artikeln aber, welche gegen Religion und Kirche scheinbar gleichgültig sind, versteckt sich eine ungeheuere Verschwörung, die den Zweck hat, **die ganze christliche Weltordnung umzustürzen.** Es ist die Verschwörung des Schweigens, die da erstickt, ohne öffentlich den tödtlichen Schlag zu führen, und die, wenn ich mich des Ausdruckes bedienen darf, uns das Christenthum unter der Hand wegstipitzt.

Diese heuchlerischen Grundsätze lassen sich auf fünf oder sechs Hauptideen zurückführen, welche die Grundlage der sogenannten modernen Welt, des sogenannten **modernen Staates** bilden und die wir nun kurz analysiren wollen. Es sind die folgenden:

1) Völlige Trennung von Kirche und Staat; 2) Volkssouveränetät; 3) absolute Geltung des menschlichen Gesetzes; 4) Freiheit; 5) Gleichheit. Das ist der kurze Inhalt jener Principien, von denen jedes eine sehr aufmerksame Erörterung verdient. Wir werden bald sehen, welche wichtige praktische Folgen alle diese Fragen haben.

XIII. Trennung von Kirche und Staat.

Wer die Trennung von Kirche und Staat ehrlich und ohne Hintergedanken verlangt, der verwechselt zwei ganz verschiedene Begriffe: die Unterscheidung und die

Trennung. Die Kirche ist unterschieden vom Staate und der Staat ist unterschieden von der Kirche; beide sollen sich einigen, ohne sich zu vermischen. Es ist ein ebenso großer Unsinn, die religiöse Gesellschaft von der bürgerlichen Gesellschaft trennen zu wollen, als es ein Unsinn wäre, die Seele vom Leibe zu trennen. Die Kirche ist eine Gesellschaft, welche von Gott kommt, wie der Staat ebenfalls eine Gesellschaft ist, die Gott gewollt hat; diese beiden Societäten müssen sich verstrage und verständigen, um den Willen Gottes zu erfüllen, welcher das zeitliche und ewige Wohl des Menschen bezweckt. Ihr Gedeihen und ihre Kraft hängen von dieser Eintracht ab, wie das Leben und die Kraft des Menschen von der Vereinigung seiner Seele und seines Leibes bedingt sind. Immer Unterscheidung, aber in der Vereinigung; nie Trennung, ebensowenig wie Verschmelzung.

Wir Alle sind gleichzeitig Mitglieder dreier verschiedener Gesellschaften und wir gehören einer jeden derselben ganz an, so will es die göttliche Vorsehung. Diese drei Societäten sind: die Familie, der Staat, die Kirche. Ich gehöre ganz meiner Familie an; gleichzeitig bin ich ganz Bürger meines Vaterlandes und noch einmal gleichzeitig bin ich ganz Christ und Mitglied der Kirche. Ich habe Pflichten als Sohn, Pflichten als Bürger, Pflichten als Katholik; diese Pflichten sind von einander verschieden, aber unter einander vereinigt und einander untergeordnet.

Was ist überhaupt eine Societät, eine Gesellschaft? Es ist die Vereinigung von Personen, welche durch das Band des gemeinsamen Gehorsams mit einander verbunden sind. Dieses Band, dieser Gehorsam gegen die rechtmäßige Autorität bildet die Gesellschaft und gibt derselben ihre Einheit, trotz der Vielheit ihrer Glieder. Die Familie oder die häusliche Gesellschaft ist eine Vereinigung von Personen, welche durch die Unterwürfigkeit unter den väterlichen Willen mit einander verbunden sind. Der Staat oder die bürgerliche Gesellschaft ist die Vereinigung von Individuen oder Familien, welche

durch die Abhängigkeit von einer und d.rselben Staatsgewalt mit einander verbunden sind. Die Kirche
oder die religiöse Gesellschaft ist die Vereinigung von
Individuen, von Familien und Staaten, welche derselben
religiösen Gewalt unterthan sind.

Diese drei verschiedenen Societäten bestehen alle durch
göttliches Recht, d. h. in Folge des förmlichen Willens
Gottes; denn Gott ist es, der die Familie gegründet hat
zur Erzeugung und Erziehung der Kinder; Gott ist es,
der die bürgerlichen Gesellschaften in's Leben gerufen
hat zu dem Zwecke, das irdische Wohlsein der Individuen
und Familien durch das gegenseitige Zusammenwirken
aller Kräfte zu fördern; Gott ist es endlich, der die Kirche
gestiftet und ihr ihre heilige Mission verliehen hat, auf
daß sie die Individuen, die Familien und Völker lehre,
was gut und was böse ist, was man thuen und was
man meiden muß, um Gott auf Erden zu erkennen, ihn
zu lieben und ihm zu dienen und auf diese Weise zu der
ewigen Seligkeit, als dem letzten Ziel und Ende alles
menschlichen Daseins, zu gelangen.

Die Familie hängt in dem Sinne vom Staate ab,
daß das Wohl der Privaten stets dem allgemeinen
Wohle untergeordnet sein muß; der Staat hängt insofern
von der Kirche ab, als das zeitliche Wohl, sei es nun
ein öffentliches oder privates, stets untergeordnet sein
muß dem geistigen Wohle, welches ist das ewige Heil
der Seelen. Der Familienvater darf also nichts befehlen, was gegen die Gesetze des Staates ist, und wenn
er diesen Grundsatz verletzt, so können seine Kinder ihm
im Gewissen nicht gehorchen. Aus demselben Grunde
kann die weltliche Gewalt nichts befehlen, was den Lehren oder Gesetzen der Kirche entgegen ist. Solche Acte
der väterlichen oder bürgerlichen Gewalt wären nicht
legitim und darum von Rechts wegen nichtig; sie würden die von Gott festgesetzte Ordnung verletzen und wer
bei einem solchen Conflicte der Gewalten Gott gehorchen
will, der thut am Besten, wenn er stets der höheren
Obrigkeit gehorcht. Es ist dieses die praktische und sichere
Regel, welche der heilige Apostel Paulus uns gibt, wenn

er sagt: „Jedermann unterwerfe sich der höheren Ordnung." (Röm. 13.)

Da die Stellung der verschiedenen Gewalten durch ihren Endzweck bestimmt wird und das ewige Heil offenbar ein höherer Zweck ist, als das irdische Wohlsein, so ist es klar wie der Tag, daß die Kirche eine höhere Macht ist, als der Staat, und daß der Staat also von göttlichen Rechtes wegen-streng verpflichtet ist, sich der Macht der Kirche zu unterwerfen. Was aber göttlichen Rechtes ist, das ist unveränderlich und keine Macht vermag es zu vernichten.

„Aber, so wird man einwenden, auf diese Weise wird ja der Staat durch die Kirche verschlungen!" — Durchaus nicht, mein Lieber, ebensowenig, als dadurch die Familie vom Staate verschlungen wird. Es ist nur die Ordnung, die aus der Eintracht hervorgeht, und diese Ordnung tastet trotz aller Subordination die Verschiedenheit nicht an, sondern läßt dieselbe unbehindert bestehen.

Verschlingt vielleicht, so frage ich, die Kirche die Familie, wenn sie den Vater anleitet und lehrt, wie er alle seine Pflichten als Familienhaupt erfüllen soll? Gerade so verhält es sich mit dem Staate. Wenn die Kirche die bürgerliche und politische Gewalt leitet, damit sie den Willen unseres Herrn Jesu Christi erfülle, und auf diese Weise das ewige Heil der Seelen sicher stellt, so greift sie in keiner Weise in die Rechte des Staates ein, sondern thut nur ihre Schuldigkeit, wie der Staat auch die seinige thut, wenn er den Bürgern und den Familien vorschreibt, was zum gemeinsamen Nutzen dient.

Der heilige Thomas erklärt diese Ordnung und diese Beziehungen durch einen ebenso richtigen wie geistreichen Vergleich. Jeder Staat, sagt er, gleicht einem jener Schiffe, die eine große Flotte bilden und die alle unter Führung des Admiralschiffes gemeinsam nach einem und demselben Hafen segeln. Jedes Schiff hat seinen Capitän und Steuermann; diese sind zwar Herren über ihr Schiff, aber dennoch nicht unabhängig. Um die Ordnung zu erhalten, müssen sie immer nach den Signalen des Admirals manövriren, so daß sie ihr Schiff nach dem Endziele der Fahrt hinleiten.

Das Admiralschiff ist die Kirche, geleitet von dem Papste, dem Statthalter Christi, der von dem Herrn beauftragt ist, alle Völker zu lehren und sie auf die Bahn des Heiles zu leiten; gehet hin und lehret alle Völker. Die weltlichen Herrscher sind die Steuerleute und Capitäne eines jeden einzelnen Schiffes der großen katholischen Flotte. Sie sind im Gewissen verpflichtet, das ewige Heil ihrer Völker zu fördern, indem sie die Kirche unterstützen, die Seelen zu retten und die Hindernisse beseitigen, welche ihre geistige Mission etwa hemmen. Der Papst aber und zwar der Papst allein ist es, der in seiner Eigenschaft als Kirchenoberhaupt ihnen sagt, was sie in der Beziehung zu thun haben.

Die Kirche verschlingt also durch diese religiöse Leitung weder den Staat noch die Familie; im Gegentheile sie befestigt sowohl die Autorität des weltlichen Herrschers, als die Autorität des Familienvaters, indem sie dieselbe heiligt und sie verhindert, von Gott sich zu trennen.

Abhängig in dieser einen Beziehung, ist aber die weltliche Gewalt, was wir ausdrücklich hervorheben, in allen übrigen Beziehungen vollkommen unabhängig. Ist einmal das höhere Princip des Gehorsams gegen das göttliche Gesetz und gegen alle anderen, von der Kirche gegebenen religiösen Gesetze gewahrt, — so kann die weltliche Gewalt in voller Freiheit alle Arten von Gesetzen geben, sie kann eine Politik befolgen, wie sie will, sie kann jede Regierungsform annehmen, die sie für das allgemeine Beste der Nation am ersprießlichsten hält. Bei sich zu Hause ist der Staat allein Herr und Meister.

Dasselbe gilt von dem Familienvater in Bezug auf sein Verhältniß zum Staate. Der Familienvater kann thuen, was er will, er kann seine Kinder ganz nach Belieben erziehen und leiten, — der Staat und die Kirche haben sich nichts darum zu bekümmern, so lange die Gesetze der Religion und des Landes von ihm nicht verletzt werden. Nur auf diese Weise, nur um diesen Preis ist Ordnung in der Familie, im Staate, in der Kirche möglich.

„Aber, so wendet man weiter ein, ist der Staat denn ein Kind und bedarf er der Leitung der Kirche, um Gottes Gesetz zu erkennen? Hat denn nicht auch der Staat seine Vernunft und sein Gewissen?" — Der Staat hat allerdings seine Vernunft und sein Gewissen; allein sie reichen für ihn ebensowenig wie für den Familienvater aus, um das Gesetz Gottes in seiner ganzen Ausdehnung zu erkennen und auszuüben. Dieses Gesetz ist kein blos natürliches Gesetz, es ist außerdem noch und vorzugsweise ein geoffenbartes und positives, und um es zu erkennen ist der Glaube, um es auszuüben die Gnade nothwendig. Nun aber ist die Kirche allein von göttlichen Rechtes wegen beauftragt, Beides — den Glauben und die Gnade — der Welt zu spenden. Ihr allein ist gesagt worden: „Empfanget den heiligen Geist; gehet hin und lehret alle Völker; wer euch höret, der höret mich; wer euch verachtet, der verachtet mich. Und siehe, ich bleibe bei euch bis an das Ende der Welt."

Dieses Wort gilt ebenso direct den menschlichen Gesellschaften, dem Staate, wie jedem Menschen im Einzelnen. Ist denn die bürgerliche Gesellschaft, der Staat in der That und Wahrheit etwas Anderes, als die numerische Ausdehnung der Familie und des Individuums? Der Staat ist gar Nichts, er ist eine bloße Einbildung und Abstraction, wenn man von den Individuen, den einzelnen Personen absieht, aus welchen er zusammengesetzt ist. Und aus diesem Grunde ist das, was für die Individuen und Familien religiöse Pflicht ist, in einem noch viel höheren Grade die Pflicht des Staates selbst. Der Staat darf darum nicht nur im Allgemeinen religiös, sondern er muß christlich und katholisch sein: er muß von den Hirten der Kirche die Lehre des göttlichen Gesetzes empfangen zum Frommen des Ganzen sowohl, wie des Einzelnen; er gehört eben nicht zu den Lehrenden, sondern zu den Hörenden.

Die natürliche Vernunft und das natürliche Gewissen reichen also weder für den weltlichen Herrscher, noch für den Familienvater aus, um den Willen Gottes zu erkennen; in ihrer Beziehung zur Kirche bleibt die Menschheit stets im Verhältnisse des Kindes. Deßhalb hat man auch in allen christlichen Jahrhunderten gesagt: „Unsere heilige Mutter, die Kirche, und ebendeßhalb nennen selbst auch die weltlichen Herrscher das Kirchenoberhaupt „unsern heiligen Vater den Papst."

„Aber der Staat ist doch eine laikale Gewalt." — Mag sein; aber ist denn „laikal" gleichbedeutend mit „irreligiös?" Der directe Zweck des Staates ist, — alle Welt ist darüber einverstanden, — das irdische Wohlsein seiner Unterthanen. Aber diese Pflicht ist einer andern Pflicht untergeordnet, welche noch wichtiger und noch erhabener ist, der Pflicht nämlich, indirect mitzuwirken an dem Werke der Kirche, welches das ewige Heil derselben Unterthanen ist. Gerade weil der Staat aus Laien besteht, sollte er sich mit gläubigem Sinne der religiösen Leitung der Hirten der Kirche unterwerfen, die allein von Gott beauftragt sind, die Gewissen zu führen.

„Aber die Gewalt der Kirche — ist sie denn nicht rein geistiger Art?" — Gewiß ist sie das und deßhalb ist auch die Leitung, welche der Staat von der Kirche erhalten soll, eine rein geistige Leitung, d. h. sie bezieht sich allein auf das Gewissen. Die Kirche leitet die Fürsten und Völker, wie die Familien, zu keinem andern Zwecke, als daß sie alle das Gesetz Gottes, die christliche Religion, die Gerechtigkeit, die ganze sittliche Ordnung achten und ausüben. Nur von diesem Gesichtspunkt aus, der ganz geistig und religiös ist, gebietet und verbietet die Kirche.

„Am Ende, wird man nun einwenden, ist also Alles geistig?" — Nein; geistig ist auf Erden nur das, was sich auf das ewige Heil der Seelen bezieht. Dies ist der wahre Begriff des Geistigen oder Geistlichen, den so Viele mißverstehen. So oft wir gehindert werden, unser Heil zu wirken, werden wir in unserem geistigen und ewigen Interesse verletzt. Die weltliche Gewalt darf nie, weder direct noch indirect, unter keinem Vorwande irgend eines politischen Interesses, unser geistiges Wohl verletzen; sie darf nie die Wirksamkeit der Kirche hemmen, die damit beauftragt ist, dieses höchste Interesse zu wahren. Nun aber kann der Staat, wenn er in der rein zeitlichen, ja selbst wenn er in der rein materiellen Ordnung handelt, die Religion in ihren heiligsten Uebungen und demgemäß in ihrer rein geistigen und übernatürlichen Wirksamkeit vielfach hemmen.

Zum Beispiel: wenn die weltliche Gewalt die Kirchen ihrer Bestimmung entziehen wollte unter dem Vorwande, es seien gewöhnliche Gebäude; wenn er den Priestern den Gebrauch irdischer Dinge, die zum Gottesdienste und zur Spendung der Sacramente nöthig sind, Wasser, Oel, Brod und Wein ꝛc. verbieten würde; wenn er unter dem Vorwande, daß sie dem Staate dienen müßten, den Gläubigen ihre Priester raubte, die allerdings als Bürger von ihm abhängen; wenn er die Clausur der Klöster verletzte, die in gewisser Beziehung allerdings Häuser sind, wie die andern auch; wenn er die nothwendige Verbindung der Bischöfe, der Priester und Gläubigen mit dem Kirchenoberhaupte, dem Papste, unter dem Vorwande störte, daß der Papst nur ein auswärtiger Fürst sei; wenn er bürgerliche Gesetze und politische Verordnungen erließe, die mit den Rechten der Kirche im Widerspruch stehen; wenn er in die öffentlichen Schulen, auf welche er allerdings ein unmittelbares Recht hat, antichristliche Unterrichts- oder Erziehungselemente einführte; wenn er der Presse gestattete, den Glauben, die Sitten oder die Kirche anzugreifen, weil angeblich die Presse nur eine materielle Industrie sey ꝛc., — würde nicht offenbar durch alles Dieses der Staat, obgleich er scheinbar das weltliche Gebiet nicht verließe, das Geistige direct und in seinem Wesen verletzen?

Derselbe Grundsatz gilt für den Familienvater in seinen Beziehungen zu Frau, Kindern und Dienern; z. B. in Bezug auf die Enthaltung von Fleischspeisen, was sich scheinbar doch nur auf die Kirche bezieht; in

Bezug auf die Heiligung des Sonntages, mit einem Worte in Bezug auf Alles, was das geistige Wohl der Familie verletzen kann. Alles aber, was das Geistige, die Haltung der göttlichen Gebote und die Heiligung der Menschen nicht berührt, steht ausschließlich dem Staate und der Familie zu. Diese Unterscheidung von Geistlich und Weltlich ist von hoher Wichtigkeit.

„Wer soll denn aber in zweifelhaften Fällen entscheiden? Der Staat oder die Kirche?" — Offenbar steht diese Entscheidung der Gewalt zu, welche die höhere Ordnung vertritt. Die göttliche Mission der Kirche wäre eine trügerische, wenn Gottes unfehlbarer Beistand ihr nicht zur Seite stünde, um mit Gewißheit zu erkennen, was in ihren Bereich gehört. Wenn zwischen der Staatsgewalt und der Gewalt des Familienvaters ein Conflict entsteht, — wer behält da die Oberhand? Nicht wahr, die Gewalt des Staates, und zwar darum, weil sie ihrem Wesen nach einer höheren Ordnung angehört. Die Gewalt, welche einer niedrigeren Ordnung angehört, muß sich stets unterwerfen und hier unzweifelhaft der Familienvater, weil der Staat in bürgerlichen Dingen allein und zwar auf souveräne Weise Alles bestimmt, was zu seiner Competenz gehört. Und doch ist er nicht von Rechts wegen unfehlbar! Wendet man diese einfachen Grundsätze auf die Verhältnisse der Kirche und des Staates an, so ergibt sich der Schluß von selbst, besonders wenn man bedenkt, daß die Kirche in Allem, was sie lehrt, unfehlbar ist, thatsächlich sowohl wie von Rechts wegen.

„Aber haben Sie denn bedacht, daß sie mit alle Dem der Kirche eine ungeheure Gewalt einräumen?" — Nein, lieber Freund, so ist es nicht. Nicht ich gebe ihr diese Gewalt, sondern der liebe Gott, welcher Herr über seine Gaben und der höchste Herr der Menschheit ist. Er hat die Welt in jene dreifache Gesellschaft gegliedert und geordnet, wie wir gesehen haben; er hat Alles so zu unserem Besten eingerichtet und wir Alle, Völker und Individuen, Fürsten und Unterthanen, Priester und

Laien, haben uns der Ordnung seiner Vorsehung zu unterwerfen.

Jene Männer, welche mit aufrichtigem Sinne die Kirche vom Staate und den Staat von der Kirche trennen wollen, wissen und bedenken nicht, daß sie die von Gott eingesetzte Ordnung und die bestimmte Lehre der Kirche über diesen wichtigen Punkt direct verletzen. „Diese Vereinigung, sagt Papst Gregor XVI., ist immer heilsam gewesen, sowohl für die Interessen der religiösen, wie für jene der bürgerlichen Gesellschaft."

Sie bedenken weiter nicht, daß sie in die falschen Bahnen der Revolutionäre sich verirren. Jeder denkende Mensch sieht ein, daß die herrschende Idee, welche die Revolution seit sechszig Jahren zu verwirklichen sucht, keine andere ist, als die Kirche zu isoliren, sie allmälig aus der Societät hinauszudrücken, ihre Wirksamkeit auf die Welt abzuschwächen, sie wieder zur unsichtbaren Macht zu verflüchtigen, wie zur Zeit der Katakomben, die weltliche Gewalt zum absoluten Herrn der Erde durch das Eigenthum, zum Herrn der Intelligenz durch den Unterricht, zum Herrn des Willens durch das Gesetz zu machen, und auf diese Weise die große sociale That des Christenthumes, die hierarchische Theilung der Gewalten, zu vernichten. Es ist mit anderen Worten die Verdrängung des Reiches Gottes und Christi und dessen Ersetzung durch die absolute Herrschaft des Menschen.

Die Kirche darf und kann also nicht vom Staate getrennt werden, ebensowenig wie der Staat von der Kirche, und der revolutionäre Staat, wie die Nationalversammlung vom Jahre 1789 ihn verstand, und wie ihn seitdem alle Revolutionäre verstehen, ist eine widernatürliche, antichristliche, dem Willen Gottes förmlich entgegengesetzte Schöpfung, die uns Alle aus der Bahn des Heiles herausschleudern kann. Das ist das gesunde Verhältniß zwischen Staat und Kirche, wie es sein sollte. Anders freilich ist's in der Wirklichkeit, gerade so wie beim einzelnen Menschen: er ist Christ, Katholik, aber welch ein Christ, welch ein Katholik!

XIV. Die Volkssouveränetät oder Demokratie. So sehr auch das Princip der Volkssouveränetät seit einem Jahrhundert von den Feinden der Kirche zu deren Nachtheil ausgebeutet worden ist, so kann es doch auch in einem katholischen und sehr wahren Sinne verstanden werden.

Vor allen Dingen ist zu bemerken, daß das Volk nicht jene Masse brutalen und verbrecherischen Gesindels ist, welches die Revolution macht, von den Barrikaden herab die Regierungen umstürzt und dessen rohe Leidenschaften dann die Führer der Emeute ausbeuten. Das Volk ist die ganze Nation und diese besteht aus allen Classen der Bürger, den Bauern und den Handwerkern, den Kaufleuten und Industriellen, den großen Grundeigenthümern und den reichen und vornehmen Herren, den Soldaten, den Beamten, den Priestern, den Bischöfen; es ist die Nation mit allen ihren lebendigen Kräften, zur wahren Repräsentation des Volkes constituirt und in die Möglichkeit versetzt, durch ihre wahren Repräsentanten ihre Wünsche auszusprechen, ihre Rechte frei auszuüben.

Nachdem wir auf diese Weise den antirevolutionären Begriff des Volkes entwickelt, sagen wir weiter, daß die katholische Lehre ste's Dasselbe verkündet hat, allerdings in einem ganz anderen Sinne, was die constituirende Nationalversammlung von 1789 für eine ganz neue und wunderbare Entdeckung gehalten hat. Die Kirche lehrt nämlich durch den Mund des h. Thomas und ihren größten Theologen, daß unser Herr Jesus Christus, der Vater der Völker und König der Könige, in die ganze Nation das Princip der Souveränetät niedergelegt hat; daß der Souverän (ob er ein erblicher oder ein gewählter, ist einerlei), welchem die Nation die Last der Regierung anvertraut, seine Gewalt von Gott nur durch die Vermittlung dieser selben Nation empfängt; daß endlich der Souverän, weil er die Gewalt zum allgemeinen Besten und nicht für sich selbst erhalten hat, wenn er seine Pflicht schwer und augenfällig verletzt, rechtmäßig von Denjenigen abgesetzt werden kann, welche ihn mit dieser Souveränetät bekleidet haben. Um jedoch jeder revolutionären Mißdeutung vorzubeugen, füge ich sogleich bei, daß allein die Kirche, weil sie allein ein unparteiischer Richter bei so wichtigen Gewissensfällen ist, durch eine feierliche Entscheidung eine so großartige Thatsache legitimiren kann, nachdem sie die Schwere und Größe des Verbrechens vorher festgestellt hat.

In diesem Punkte ist die weltliche Gewalt von der väterlichen und von der geistlichen Gewalt unterschieden, welche beide letzteren unverlierbar sind, weil beide von Gott in ihrer bestimmten Form und ohne daß ihren Untergebenen das Recht irgend einer Uebertragung zuständc, eingesetzt worden sind. Die weltliche Gewalt dagegen hat von Gott keine bestimmte Form erhalten und kann demgemäß von einer Regierungsform in eine andere Regierungsform übergehen, von der erblichen Monarchie z. B. zur Wahlmonarchie, von der Monarchie zur Aristokratie oder Demokratie und umgekehrt. Finden diese Veränderungen in geordneter, legitimer Weise statt, so berühren sie das Princip der Monarchie und Souveränetät selbst in keiner Weise.

„Aber, so wird man fragen, wann sind diese Veränderungen geordnet und rechtmäßig? wann sind sie legitim?" — Es ist dieses eine große und bedenkliche praktische Schwierigkeit, welche weder der Herrscher noch das Volk lösen kann, weil beide die in dem Streite interessirten Parteien sind und nicht Richter in eigener Sache seien können. Die Kirche, repräsentirt durch den heiligen Stuhl, ist deshalb der einzige competente Gerichtshof, welcher diese große Frage entscheiden kann; dieser Gerichtshof allein ist mit einer höheren Macht bekleidet, als die weltliche Gewalt; er allein ist unabhängig, unbetheiligt und uneigennützig; er allein bietet mehr als jeder andere wegen seines religiösen Charakters die Garantien der Moralität, der Gerechtigkeit, der Weisheit und Wissenschaft, die für so erhabene und religiöse Functionen erforderlich sind. Außerdem ist diese Ordnung von Gott festgesetzt, nicht im persönlichen Interesse der Kirche, sondern in dem allgemeinen Interesse der Societäten, der Fürsten und Völker. Die Berechtigung zu dem Urtheile über diese hochwichtigen Fragen socialer Justiz liegt, gerade so wie alle besonderen Gewissensfälle, in jenem unwandelbaren Worte Christi, der zu dem Oberhaupte seiner Kirche gesagt hat: „Alles, was du auf Erden binden wirst, das wird auch im Himmel gebunden sein und Alles, was du auf Erden lösen wirst, soll auch im Himmel gelöset sein." Dies ist die katholische und wahre Theorie von der Souveränetät des Volkes und von den Veränderungen der Regierungsform.

Und es liegt, man merke dieses wohl, ein tiefer Abgrund zwischen dieser Lehre und der Souveränetät des Volkes, wie die Revolution sie versteht und wie sie, beiläufig bemerkt, die Nationalversammlung von 1789 verstanden hat. Nach der Ansicht dieser letzteren schöpft das Volk die Souveränetät aus sich selbst und empfängt sie nicht von Gott. Es will keinen Gott und glaubt ihn entbehren zu können. Außerdem verwirft es, als Folge dieses ersten Irrthumes, die Kirche und beraubt sich auf diese Weise der einzigen leitenden und mäßigenden Gewalt, die Gott eingesetzt hat, um es gegen Despotismus und Anarchie zu schützen. Und in der That haben Könige und Völker, seitdem sie die mütterliche Leitung der Kirche verworfen, ihre Gewissensstreitigkeiten mit Kanonen, durch das blutige Recht des Stärkern entschieden, weil kein anderes Mittel ihnen übrig blieb und die Staaten eilen, trotz ihres angeblichen Fortschrittes, mit Riesenschritten der heidnischen Versunkenheit zu. Statt der Ordnung, welche eine Frucht des Gehorsams ist, haben wir auf der Welt nur noch Despotismus oder Anarchie, welches die Früchte der Revolution sind; der Begriff der wahren Souveränetät existirt, so zu sagen, nicht mehr.

„Das Alles, wird man weiter einwenden, mag in der Theorie vielleicht sehr wahr sein, wie steht es aber in der Praxis und mit der Ausführung?" — Ich sage darauf, daß nicht die Theorie die Schuld davon trägt, wenn sie schwer auszuüben ist, sondern daß dieses die Schuld der menschlichen Schwäche und Verdorbenheit ist. Es verhält sich mit diesem Principe gerade so, wie mit allen übrigen Lebensregeln. Die Theorie, die Regel, ist klar, wahr und vollkommen; die vollkommene Anwendung derselben aber ist unmöglich, weil Nichts auf dieser Welt vollkommen ist. Je mehr aber die Praxis der Theorie sich nähert, um so näher wird man der Wahrheit, der Ordnung und dem Guten kommen.

Schon seit langer Zeit verschmähen die weltlichen Staaten die Theorie und handeln rein nach Laune und Willkühr; sie vergessen und verschmähen die göttliche Leitung der Kirche immer mehr und gleich dem verlorenen Sohne entfernen sie sich mit jedem Tage weiter von dem Vaterhause. In Folge dieser Entfernung von Gott befindet sich denn auch die Welt in dem Zustande permanenter Revolution trotz der gewaltigsten Versuche, die Ordnung wiederherzustellen und das Uebel einzudämmen. Will die Societät nicht zu Grunde gehen, so muß sie über kurz oder lang zu dem katholischen, dem allein wahren Principe der Souveränetät zurückkehren. Leibnitz, der ein Protestant, aber dabei ein genialer Mann war, wünschte nichts sehnlicher, als diese Rückkehr der Völker zu der oberen sittlichen Leitung des heiligen Stuhles und der Kirche. „Ich bin der Ansicht, schrieb er, in Rom selbst einen Gerichtshof einzusetzen, von welchem die Streitigkeiten zwischen den Fürsten entschieden werden sollen, und den Papst zu dem Präsidenten desselben zu machen." Dieser Gerichtshof existirt aber schon, er besteht von göttlichen Rechtes wegen und unwandelbar, wenn man ihn auch verkennt. Noch einmal, nur dort ist das Heil zu finden. „Die Revolution wird nicht eher aufhören, sagte Bonald, als bis an die Stelle der Menschenrechte die Rechte Gottes wieder getreten sind."

Lasset uns also, als Katholiken sowohl wie als Bürger, mit aller Macht dahin streben, daß die Praxis sich gleichförmig mit der Theorie gestalte und lasset uns bis auf Weiteres die Theorie so vollkommen anwenden, als es immer möglich ist.

„Wird aber nicht durch dieses System tausend Mißständen Thüre und Thor geöffnet?" — Es ist dieses möglich, allein von zwei nothwendigen Uebeln muß man das kleinere wählen.

Was geschieht heutzutage, wenn zwischen dem Souverän und dem Volke ein Conflict entsteht? werden das Recht, die Gerechtigkeit und Wahrheit den Sieg davontragen? — Ja, wenn die blinde Gewalt zufälliger Weise auf der Seite des Rechtes steht. — Nein aber, wenn sie, wie gewöhnlich, die Partei des Bösen begünstigt. In beiden Fällen aber haben wir den Bürgerkrieg als Princip, einen wilden, blutigen Krieg, in welchem der Erfolg Alles rechtfertigt, der alle lebendigen Kräfte des Staates ruinirt und erschöpft.

Von alle Dem kommt in dem katholischen Systeme nichts vor, hier würde Alles friedlich verlaufen. Beide Parteien würden ihre Sache vor dem erhabenen Gerichtshofe des heiligen Stuhles vertheidigen und seiner Entscheidung sich unterwerfen; es würde kein Bürgerkrieg entstehen, kein Blut vergossen und die Finanzen nicht ruinirt werden 2c. Wäre das Alles nicht sehr wünschenswerth und sehr schön? Dabei will ich gar nicht in Abrede stellen, daß, in Anbetracht der menschlichen Verderbtheit, auch bei diesem heiligen Gerichtshofe sich manche bedauernswerthe Intriguen und Schwächen geltend zu machen suchen würden; allein die mit diesem Systeme etwa verbundenen Mißstände sind im Vergleiche mit seinen Vortheilen unbedeutend und der hohe Einfluß der Religion würde an und für sich schon eine mächtige Garantie gegen die Mißbräuche sein. „Ist in der Kirche, so fragt Boussuet, nicht Alles vereinigt, was uns sichere Rechtshülfe verbürgt?" Außerdem würde dieser Gerichtshof nur nach festen Principien entscheiden, die auf dem Glauben beruhen und von Allen erkannt und anerkannt sind. Die Revolution dagegen bietet keine Garantie; sie kennt nur das Recht des Stärkeren; sie löst das sociale Problem nicht, sondern drängt dessen Lösung immer mehr in den Hintergrund.

„Allein die ganze Welt müßte ja, wenn dieses System zur Geltung kommen sollte, katholisch sein!" — Allerdings, und es ist eben so wünschenswerth, daß die ganze

Welt katholisch werde, als es wünschenswerth ist, daß das bisher entwickelte, friedliche und religiöse System zur Anwendung auf die bürgerlichen Gesellschaften komme. Die ganze Welt sollte katholisch sein, weil die ganze Welt sich zur wahren Religion bekennen und dieselbe üben sollte. Die Religion ist ebensosehr die Grundlage des Staatswohles, wie des Wohles der Einzelnen, weil Jesus Christus das Princip alles Lebens ist, für die Staaten und Familien sowohl, wie für die Einzelnen.

Ich bin indessen der Erste, welcher anerkennt, daß das katholische sociale System gegenwärtig auf unsere Societäten nicht anzewendet werden kann. Daraus folgt aber 1) daß diese Societäten aus der rechten Bahn herausgekommen sind und in Todesgefahr schweben, und 2) daß wir Alle, wenn wir die Kirche und das Vaterland lieben, Alles aufbieten müssen, um das wahre sociale Princip wieder in das rechte Licht zu setzen und ihm zur Geltung zu verhelfen.

„Aber, so heißt es weiter, diese Theorie ist ja nie, selbst in den glaubenstreuen Zeiten nicht, zur Anwendung gekommen." — Vollkommen ist sie allerdings nie zur Anwendung gekommen, weil die Leidenschaften der Völker und der Stolz der Fürsten sich ihr entgegenstemmten; sie hat indessen vielen Kriegen vorgebeugt, und viele Gräuel verhütet, wie das friedliche Gelangen der Karolinger auf den Thron und die Zügelung der Tyrannei der deutschen Kaiser Heinrich IV. und Friedrich Barbarossa beweisen. In den glaubenstreuen Zeiten gab es, wie heutzutage, böse persönliche Leidenschaften; allein die sociale Verfassung war gut und die drei Societäten, die religiöse, die bürgerliche und die häusliche, erkannten ihre gegenseitige Unterordnung an und ruhten trotz einzelner Conflicte, mit einander auf dem starken Felsen der Wahrheit, der Religion, des Rechtes und der Gerechtigkeit.

„Fallen wir aber dadurch nicht in das Mittelalter zurück?" — Nein, sondern wir nehmen aus dem Mittelalter nur das, was für uns gut ist. Wir Katholiken wollen durchaus keinen Rückschritt um Jahrhunderte

machen und auf die Errungenschaften der Neuzeit ver=
zichten; wir wollen nur die Erfahrungen der Vergan=
genheit wie jene der Gegenwart benutzen, das Böse
verbessern und es durch das Gute ersetzen, das Mangel=
hafte beseitigen und das behalten, was besser ist. Wenn
das ein Rückschritt in das Mittelalter sein soll, nun so
wollen wir in Gottes Namen in dasselbe zurückfallen!

Ich glaube, das ist genug, um das Gewissen eines
unparteiischen Lesers zu erleuchten und die großartige
Aufgabe zu zeigen, welche der Kirche in allen socialen
und politischen Fragen beschieden ist.

Und nun zum Schlusse! Demokratie und Demokratie
ist zweierlei: die eine, die wahre und ächte, ist von der
Kirche zu allen Zeiten gelehrt worden, sie respectirt die
Souveränetät, welche auf ihr und auf Gott beruht; die
andere, die falsche und revolutionäre, ist eine neuere Er=
findung, sie verachtet jede Regierung, sie kennt keine
Subordination, sondern nur Factionen und bringt nur
Verwirrung und Zerstörung hervor. Es ist dieses die
Demokratie von 1789, die moderne Demokratie, welche
die Kirche mißachtet und im Grunde weiter nichts ist,
als die sociale Revolution und eine Maske für die
Anarchie.

Kann ein Christ in diesem Sinne Demokrat sein?

XV. Das Gesetz.

Die Revolution weiß ganz gut, daß sie im Grunde
weiter nichts ist, als Anarchie, und daß vor der Anarchie
alle Welt eine große Scheu hat. Sie hüllt sich deshalb,
um ihr Princip zu verheimlichen und sich den Schein der
Ordnung zu geben, mit großer Majestät in die soge=
nannte Gesetzlichkeit. Was sie thut, das thut sie „im
Namen des Gesetzes." Im Namen des Gesetzes hat
sie im Jahre 1789 die sociale, politische und religiöse
Ordnung untergraben; im Namen des Gesetzes hat sie
im Jahre 1791 die Kirchenverfolgung und das Schisma
decretirt; immer im Namen des Gesetzes hat sie im Jahre
1793 den König von Frankreich gemordet, das Schreckens=
regiment eingeführt und jene Scheußlichkeiten verübt,

die noch in aller Welt Gedächtniß leben. Im Namen des Gesetzes bekämpft sie seit einem halben Jahrhundert die Kirche, den Staat und die wahre Freiheit. Es wird darum von Nutzen sein, den wahren Begriff des Gesetzes hier zu entwickeln.

Gesetz ist der Ausdruck des rechtmäßigen Willens des rechtmäßigen Oberen. Damit ein Gesetz uns im Gewissen verpflichte, damit es wahrhaft ein Gesetz sei, sind die folgenden zwei Bedingungen wesentlich nothwendig: es muß 1) von unserem rechtmäßigen Oberen ausgehen und darf 2) keine bloße Laune, kein böser und verkehrter Wille dieses Obern sein. Deswegen habe ich es einen rechtmäßigen Willen genannt.

Wer ist nun ein rechtmäßiger Obere? wann ist der Wille dieser Oberen ein rechtmäßiger? Diese zwei praktischen Fragen sind leicht zu beantworten.

Im Grunde ist Gott allein unser Obere und Vorgesetzter, und wenn wir auf Erden Menschen zu gehorchen haben, so geschieht dieses nur darum, weil sie von Gott mit der Gewalt bekleidet sind, uns zu befehlen. Als Träger der Autorität Gottes werden sie unsere Oberen. Jeder Obere auf Erden ist also nur ein Vollmachtträger Gottes, ein Stellvertreter Gottes und darf nie seinen Untergebenen einen Willen auflegen, welcher dem Willen Gottes entgegengesetzt ist. Dieses Princip ist das Fundament alles und jedes Gesetzes.

Wir haben nun auf Erden drei Arten von Oberen: den Papst und die Bischöfe in der religiösen Ordnung; den Souverän in der bürgerlichen und politischen Ordnung; den Vater in der Ordnung der Familie. Jeder von diesen ist ein rechtmäßiger Obere und hat das Recht, uns im Namen Gottes zu befehlen; allein er muß vor allen Dingen selbst die von Gott gesetzte Ordnung beobachten. Diese Ordnung haben wir in einem früheren Kapitel auseinandergesetzt: es ist die geregelte Unterordnung der Familie unter den Staat und beider unter die Kirche.

Damit also ein Befehl meines Vaters mich im Gewissen verpflichte, ist es unbedingt nothwendig, aber auch hinreichend, daß dieser Befehl einem höheren Gesetze, d. h. einem Gesetze des Staates oder der Kirche nicht offenbar widerspreche; damit ein Befehl der weltlichen Gewalt mich verpflichte, ist es nothwendig und hinreichend, daß dieser Befehl einem Gesetze oder einer Weisung der Kirche nicht entgegen sei. Fehlt diese unerläßliche Bedingung, so sind wir nicht verpflichtet zu gehorchen, wenigstens nicht im Gewissen und ein solches Gebot ist kein Gesetz, sondern ein Mißbrauch der Gewalt, eine tyrannische Laune, eine schreiende und sündhafte Verletzung der göttlichen Ordnung.

Was die Kirche betrifft, so beruht die Bürgschaft, welche sie uns leistet, auf dem Worte Gottes selbst, der ihr in der Ausübung ihres Amtes stets beisteht. Sie hat das göttliche und Niemanden mittheilbare Privilegium der Unfehlbarkeit in ihrer ganzen Lehre, so daß die Völker wie die Individuen sich ohne alle Gefahr ihrer Führung anvertrauen und ihrer Leitung folgen können. Wer die Kirche hört, hört immer Gott, und wer die Kirche verachtet, verachtet immer Gott. „Wer euch höret, der höret mich, und wer euch verachtet, der verachtet mich."

Nun aber besteht zwischen dem Gesetze, dem wahren Gesetze und dem, was die Revolution Gesetz zu nennen wagt, durchaus keine Verwandtschaft und Beziehung. „Das Gesetz, sagt die Revolution, ist der Ausdruck des allgemeinen Willens." Das ist aber nicht wahr; denn das Gesetz ist der Ausdruck des Willens Gottes, und der sogenannte allgemeine Willen ist nichts oder wird zum Verbrechen, wenn er jenem göttlichen Willen entgegen ist, der durch die katholische Kirche unfehlbar verkündet wird. Hier ist kein Zweifel möglich; es ist eine Frage des Glaubens und des gesunden Menschenverstandes.

Dabei muß noch hervorgehoben werden, mit welcher Schlauheit und Unehrlichkeit der revolutionäre Unglaube hier, wo er den Begriff des Gesetzes entwickeln wollte zu Werke gegangen ist. Die Revolution griff das katholische Dogma nicht offen und geradezu an, sondern that als ob es gar nicht existire und suchte auf diese Weise die Völker und selbst die Fürsten daran zu gewöhnen, Gott, die Kirche und das ganze Christenthum für etwas Ueberflüssiges zu halten. Es ist das die sogenannte Religion des ehrlichen Mannes, die angeblich die christliche Religion überflüssig macht, in Wahrheit aber weiter nichts ist, als die völlige Abwesenheit aller und jeder Religion. Der sociale und legale Atheismus, der Atheismus im Staate und in der Gesetzgebung datirt vom Jahre 1789. Er ist sehr handgreiflicher Art, wenn auch bloß negativ. Keinen Gott, keinen Christus, keine Kirche, keinen Glauben mehr und statt alles Dessen das Volk und das Gesetz! Ich halte das Gesetz und die Gesetzlichkeit, wie die Revolution sie uns gebracht hat, für eine satanische Verführung, die gefährlicher ist, als alle gewaltsamen Verfolgungen.

Es versteht sich von selbst, daß alle bürgerlichen und politischen Gesetze, welche den Gesetzen und Rechten der Kirche nicht entgegen sind, alle Unterthanen im Gewissen verbinden, Priester und Bischöfe ebensowohl wie die anderen Bürger. Im Zweifelfalle ist die Kirche allein berechtigt, durch das Organ der Bischöfe und des Papstes zu entscheiden, ob man gehorchen müsse, oder nicht. Ist dagegen das weltliche Gesetz dem katholischen Rechte offenbar entgegen, so tritt der Fall ein, daß wir mit den Aposteln sofort antworten müssen: „Es ist besser Gott als den Menschen zu gehorchen."

XVI Die Freiheit.

Auch das ist eine Maske, die man der Revolution abreißen muß, ein großes und heiliges Wort der Sprache des Christenthums, das der Genius des Bösen bei jeder Gelegenheit mißbraucht.

Die Freiheit in ihrem erhabensten Sinne ist die Macht, das Gute zu thun, das heißt den Willen Gottes in seinem ganzen Umfange zu erfüllen. Diese absolute und vollkommene Freiheit ist nicht von dieser Welt, wir werden ihrer erst im Himmel theilhaftig werden. Auf Erden ist die Freiheit, die Macht das Gute zu thun, immer unvollkommen. Mit der Macht, das Gute zu thuen, haben wir die Möglichkeit, das Böse zu thuen; diese Möglichkeit ist indessen, man merke das wohl, keine Fähigkeit, keine Macht, sondern eine Schwäche, ein Mangel der Macht. Unsere Freiheit hier auf Erden ist also unvollkommen, weil sie durch Hindernisse beschränkt ist, die von der menschlichen Schwäche, oder der Verkehrtheit der Menschen, oder den Angriffen des Teufels herrühren.

In religiöser Beziehung besteht die Freiheit darin, die religiöse Wahrheit, d. h. die katholische, apostolische, römische Religion vollkommen erkennen und ausüben zu können. Für den Papst und die Bischöfe besteht sie also in der vollen, unbeschränkten Macht, die Gläubigen lehren und regieren, und für diese darin, ihnen ohne Hemmnisse gehorchen zu können. Das und weiter nichts ist die wahre religiöse Freiheit. In der bürgerlichen und politischen Ordnung besteht die Freiheit für die Regierenden darin, daß sie alle ihre legitimen Rechte ausüben; für Regierende und Regierte, daß sie alle wahren Bürgerpflichten ohne Hinderniß erfüllen können. Alle wahren bürgerlichen und politischen Freiheiten sind, wenigstens in ihren wesentlichen Theilen, in dieser Begriffsbestimmung enthalten. In der Ordnung der Familie endlich besteht die Freiheit für Vater und Mutter in dem Vermögen, alle ihre wahren Rechte über ihre Kinder und Diener vollständig auszuüben; sie besteht für Alle in der Macht, die ihnen obliegenden Pflichten zu erfüllen. In der Freiheit, in der wahren Freiheit, ist also Alles gut und heilig; je vollständiger sie ist, desto mehr entspricht sie dem Begriffe der Ordnung. Die Autorität selbst ist nur eingesetzt, um die Freiheit zu schützen.

Dieses vorausgesetzt, gibt es nun eine dreifache Art und Weise, wie die Freiheit, für die Societäten sowohl wie für die Individuen, verstanden und gewollt wird: 1) die Freiheit, das Gute zu thuen mit so wenig Hemmnissen, als möglich; 2) die Freiheit, das Gute und das Böse zu thuen, mit gleicher Schrankenlosigkeit für das

Eine wie für das Andere; 3) die Freiheit, das Böse zu thuen unter Hemmung des Guten.

1) Die erste dieser drei Formen ist die wahre und rechte Freiheit, die Freiheit, so vollkommen sie auf dieser Welt möglich ist, die Freiheit, wie Gott sie will und die Kirche sie verlangt, lehrt und ausübt. Diese verhältnißmäßig vollkommene Freiheit ist kein Hirngespinnst, ebensowenig wie die Gerechtigkeit und die übrigen sittlichen Tugenden, welche den Menschen und Societäten von Gott und seiner Kirche zu üben vorgestellt werden; diese Tugenden werden zwar immer unvollkommen geübt, allein man kann sie stets üben und soll darnach streben, sie vollkommen auszuüben.

So verhält es sich nun auch mit der Freiheit. Je leichter es uns wird, das Gute zu thuen, um so freier sind wir, und je freier wir sind, desto mehr stehen wir in der Ordnung und in der Wahrheit. Je leichter diese Gewalten dieser Welt es uns machen, das Gute zu thuen, je mehr sie die Hindernisse entfernen, welche die Freiheit hemmen, um so mehr werden sie die Absichten Gottes erfüllen, welcher das Gute will in allen Dingen und das Böse verabscheut in allen Dingen. Und wenn man fragt, wie die weltlichen Regierungen mit Gewißheit es erkennen sollen, welche Hindernisse sie hinwegzuräumen haben, um die Freiheit zu schützen und zu entwickeln, so ist die Antwort sehr einfach. Sie lautet wie folgt: Was die religiöse und sittliche Ordnung betrifft, so wird die Kirche sie sicher leiten, wie wir schon bemerkt haben; in rein weltlichen und politischen Fragen aber werden, sobald einmal das höhre Interesse der Seelen gewahrt ist, Vernunft und Erfahrung diesen Regierungen schon die rechten Mittel an die Hand geben, um die Freiheit des Guten zu schützen und das Böse zu unterdrücken.

2) Die Freiheit, das Gute und das Böse zu thuen, die Ansicht, daß den Guten und den Bösen, der Wahrheit und dem Irrthume, dem Glauben und der Ketzerei, derselbe Schutz gewährt werden müsse, — so lautet die zweite Formel, unter welcher die Freiheit begriffen wer-

den kann, so verstehen sie die Liberalen. Ich meine natürlich hier nicht jene Gottlosen, welche eine gleiche Freiheit für das Gute wie für das Böse verlangen, weil sie hoffen, daß das Böse über das Gute siegen werde, — sondern jene ehrenhaften und christlich gesinnten Liberalen, welche die Kirche lieben, die Wühlerei und die Revolution verabscheuen und den Kampf herbeisehnen, weil sie wirklich glauben, daß das Gute am Ende doch den Sieg davontragen müsse. Aus Besorgniß, die Gleichgültigen und Gottlosen zu reizen, machen sie principielle Concessionen und verwerfen als unklug und verderblich den reinen und wahren Begriff der Freiheit, wie die katholische Kirche seit achtzehnhundert Jahren ihn stets bekannt hat, und ich ihn in wenigen Worten eben auseinandergesetzt habe. Sie geben den Boden der unbeugsamen Wahrheit auf, sie verlassen das Vaterhaus, und laufen dem verlorenen Sohne in der Hoffnung nach, daß sie ihn zurückführen werden.

Ich glaube indessen, daß diese Männer sich täuschen und daß nur die Wahrheit, die ganze Wahrheit, im Stande ist, uns von der Geißel der Revolution zu befreien. „Die Wahrheit wird euch frei machen," sagt das Evangelium.

Mir scheint es jenen Liberalen sowohl an Glauben als an Muth zu fehlen, wenn sie in solcher Weise die Sache der heiligen Freiheit aufgeben; und zwar an Glauben, weil sie praktisch an der Vorsehung zweifeln, mit welcher Jesus Christus über seine Kirche waltet, und die ungerechte Herrschaft der revolutionären Principien in der Welt als eine vollendete Thatsache acceptiren; an Muth aber, weil sie gar oft nur darum zu den liberalen Ideen sich bekennen, damit die moderne Welt sie nicht für Freunde des Rückschrittes und Phantasten halte, welche die Neuzeit in das Mittelalter zurückschrauben wollen.

Diese Männer stellen als Princip eine Thatsache auf, die durchaus kein Princip, sondern nur ein nothwendiger Uebergang ist, und vergessen, daß dieses angebliche Princip der Gleichheit zwischen Gut und Böse dem Glauben sowohl wie dem gesunden Menschenverstande entgegen ist. Bezeugt uns nicht die tägliche Erfahrung, daß wir in Folge der Verderbtheit unserer armen gefallenen Natur geneigter sind zum Bösen, als zum Guten? Ist das nicht eine unbestreitbare Thatsache und zugleich ein Glaubensartikel? Wenn wir also das Eine wie das Andere gleich begünstigen, so setzen wir uns der Gefahr eines fast gewissen Verlustes aus. Wer die Wahrheit mit dem Irrthume, das Gute mit dem Bösen, die Gerechtigkeit mit unseren Leidenschaften in die Schranken ruft, der gibt die Wahrheit dem Irrthume, das Gute dem Bösen, die Gerechtigkeit den Leidenschaften preis. Deßhalb sagte schon der h. Augustin, „daß die Freiheit des Irrthumes die schlimmste Todesart für die Seele sei." Und was für einen Jeden von uns gilt, das gilt noch viel mehr von den Societäten. Keine Societät kann zwei Herren dienen, und die richtige Mitte ist nicht möglich, wenn es sich um Principien handelt.

„Aber dann, so wendet uns der Liberalismus ein, gerathet ihr ja mit euch selbst in Widerspruch, ihr selbst verlangt ja fortwährend, daß man euch mit eueren Gegnern auf denselben Fuß der Gleichheit stellen solle!" — Wir verlangen aber diese Gleichheit keineswegs als ein Princip, wir bedienen uns gegen die Gewalten, welche uns unterdrücken, eines argumentum ad hominem und schlagen sie mit ihren eigenen Waffen, nichts weiter. Wir appelliren, wohlberechtigt und vernünftig, an ihr natürliches Billigkeitsgefühl, ohne auch nur im Entferntesten auf die Principienfrage einzugehen. „Gewähret uns wenigstens, sagen wir ihnen, was ihr den übrigen Bürgern gewähret; es ist dieses eine Forderung des natürlichen Rechtes." Und wenn wir so reden, so sind wir Alle, Katholiken wie Liberale, einverstanden. Allein das ist durchaus kein Grund, daß wir nichts Besseres wünschen, daß wir nicht nach einem normalen Zustande streben sollten. Die Freiheit des Liberalismus ist immer noch besser, als die Unterdrückung, mehr sagen wir nicht; allein sie darf nicht als das Ziel unseres Strebens und noch viel weniger als ein Princip betrachtet werden.

5

"Aber die Kirche, so wendet man uns weiter ein, hat ja selbst diese Gleichheit bei allen ihren Verfolgungen verlangt." — Allerdings, allein in welchem Sinne? Die Kirche hat nie, selbst in den Verfolgungen nicht, jene falsche Freiheit des Guten und des Bösen verlangt. Die Vertheidiger des Christenthums machten gegen ihre Widersacher, ich wiederhole es noch einmal, nur persönlich auf sie gemünzte Beweise, argumenta ad hominem, geltend; allein nie fiel es ihnen ein, die Freiheit des Irrthumes und des Bösen, welche rings um sie her die Welt und die Menschheit verdorben hatte, so zu billigen und anzuerkennen, wie man ein Recht anerkennt. Die Kirche ist die Gesellschaft des Guten und der Wahrheit, sie will nichts und kann nichts Anderes wollen, als die wahre Freiheit, die Freiheit des Guten, die Freiheit, die Wahrheit zu lehren und zu üben. Ich bitte euch also um Gottes willen: verwechselt nicht das Mögliche mit dem Wünschenswerthen und erkennet nicht traurige und vorübergehende Nothwendigkeiten als Principien an!

Weiterer Einwand: „Wenn wir also die Stärkeren sind, so werden wir nur von Autorität reden, die Freiheit aber bloß so lange gelten lassen, als wir die Schwächeren sind. Ist das ehrlich gehandelt?" — Es wäre das sehr unehrlich; aber die Kirche handelt auch nicht so. Mag sie schwach oder stark, unterdrückt oder siegreich sein, — sie führt nur eine Rede und sagt allen Menschen, den Guten wie den Bösen: „Ihr dürfet nur die Wahrheit und das Gute lieben, das Böse stürzt euch in's Verderben. Je mehr Freiheit ihr dem Guten gewähret, desto mehr werdet ihr von Gott in dieser und in jener Welt gesegnet sein; je mehr Spielraum ihr aber dem Bösen gestattet, desto elender werdet ihr werden. Gott gibt die Autorität den Menschen nur darum, um die freie Ausübung dessen zu schützen, was gut und ehrbar ist; jeder Fürst, jeder Beamte, jeder Familienvater, der seine Autorität dazu benutzt, um etwas Anderes zu fördern, als das Recht, die Wahrheit und das Gute, der mißbraucht die Gaben Gottes und richtet seine Seele zu Grunde." Die Kirche sagt nie etwas Anderes, als dieses. Ihr Recht wie ihre Pflicht ist es, von den Mächten der Erde stets die Freiheit des Guten und die Beschützung dieser Freiheit zu verlangen.

„Es gibt also zweierlei Maß und Gewicht: Freiheit für uns und Unterdrückung für alle Anderen?" — Die Kirche hat, wie ihr göttlicher Meister, nur Ein Maß und nur Ein Gewicht; sie liebt und begünstigt nur das Recht, die Wahrheit und das Gute; sie verwirft und verabscheut allen Irrthum, alles Böse und alle Ungerechtigkeit. Welcher Christ möchte behaupten, daß Satan in der Welt dieselben Rechte habe, wie Christus? Gerade das aber ist in ihrem tiefsten Grunde die Ansicht des Liberalismus. Die Kirche und wir Alle mit ihr verlangen die Rechte der Wahrheit, weil nur die Wahrheit Rechte hat; wir läugnen das, was man die Rechte des Irrthumes, der Ketzerei, des Bösen zu nennen wagt, weil Irrthum, Ketzerei und Böses kein Recht haben. Es gibt allerdings thatsächliche Nothwendigkeiten, welche die Autorität oft zwingen, ihr Auge über Verwüstungen zu schließen, die sie nicht hindern kann; allein ihre Pflicht ist es, die Mißbräuche, so gut als möglich und so schnell als möglich, zu beseitigen.

Daß so viele Christen die Unterdrückung des Bösen mißbilligen, ist in der That eine auffallende Erscheinung. In ihren Familien, bei ihren Kindern und Dienern unterdrücken und zügeln sie das Böse, so gut sie können, selbst mit Gewalt, wenn die Sanftmuth nicht ausreicht. Und sie finden es unrecht, daß Kirche und Staat ebenso handeln! Wenn sie die Sitten, den Glauben, die Ehre und das Wohl ihrer Familien auf solche Weise wahren, so erfüllen sie eine heilige Pflicht, die höchste ihrer Pflichten; wenn aber die Kirche und der Staat diese selbe Pflicht erfüllen, wenn sie den Arm erheben, um die öffentlichen Verderber des Glaubens, der Sitten, der ganzen Societät niederzuschlagen, — da sollen Kirche und Staat auf einmal Tyrannen, grausame, intolerante und fanatische Machthaber geworden sein! Wahrlich, der Liberalismus ist es, der mit zweierlei Maß und Gewicht arbeitet.

Er verwechselt nämlich den Moderantismus, die falsche Mäßigung, d. h. die Toleranz der Lehre, mit der wahren Mäßigung, d. h. mit der persönlichen Toleranz oder der Liebe, und verirrt sich in diesem Punkte sehr weit von der katholischen Lehre. Der Liberalismus ist im Grunde weiter nichts, als ein Abkommen mit der Revolution, und darum ist ihm auch die Revolution so hold. Die Freiheit des Guten und des Bösen ist die Lockspeise, durch welche die Schlange der Revolution viele arglose Gemüther verführt, wie sie einst der Eva es gethan, als sie ihr unter allen möglichen schönen Versprechungen nicht die Frucht vom Baume der Erkenntniß des Bösen, sondern die Frucht vom Baume der Erkenntniß des Guten und des Bösen überreichte.

„Aber dann geben wir ja die Freiheit der Willkür der Mächte dieser Welt preis, und was diese damit anfangen, ist bekannt!" — Die Kirche gibt sich keineswegs den Mächten dieser Welt preis. Wenn die weltlichen Herrscher auf ihre Stimme hören und christlich gesinnt sind, so bittet sie dieselben, ihr das Heil und die Rettung Aller dadurch zu erleichtern, daß sie die Freiheit ihres Amtes schützen, die Feinde des Glaubens beseitigen und durch die Furcht jene verkehrten Menschen im Zaume halten, bei welchen gute Worte nicht ausreichen. Heißt das der weltlichen Gewalt sich preisgeben?

Wenn aber ein Fürst nicht katholisch ist, so verlangt die Kirche von ihm keine Unterstützung und begnügt sich mit jenem Argumentum ad hominem, das wir oben angeführt haben: was du Anderen gewährest, das gewähre auch uns! In unseren modernen Societäten, die nicht mehr auf katholischer Grundlage ruhen, sind wir Alle mehr oder minder, je nach den Umständen, darauf angewiesen. Mehr von solchen Trägern der Gewalt verlangen, wäre eine große Unklugheit und außerdem reiner Zeitverlust.

„Ihr glaubet also nicht an die Macht der Wahrheit, weil ihr solche menschliche Stützen für dieselbe suchet." — Wir glauben sehr stark an die Macht der Wahrheit, allein wir glauben ebenso stark und sehr praktisch an die

Erbſünde. Alles Gute bedarf hier auf dieſer Welt des
Schutzes, weil die Welt im Argen liegt und weil es gar
viele böſe Menſchen gibt. Die religiöſe ſowohl wie die
bürgerliche Socielät iſt von Gott nur darum geſtiftet
worden, um die Vertheidigung der Guten gegen die Böſen
zu organiſiren. Der Staat ſchützt ja den Handel, er
beſchützt die Künſte, die Wiſſenſchaften und das Eigen=
thum; — warum ſollte er alſo, wenn er ein chriſtlicher
iſt, nicht auch das koſtbarſte aller Geſchenke des Him=
mels, die Wahrheit, dieſe Freiheit und dieſes Recht un=
ſerer Seelen, ſchützen? Beſchützen iſt, wohlgemerkt, nicht
gleichbedeutend mit Herrſchen. Wenn die chriſtlichen
Fürſten den Schutz oft ſo verſtanden haben, ſo haben
ſie ſehr Unrecht gehabt, und Gott hat ſie dafür beſtraft;
allein dieſer Mißbrauch hebt den richtigen Grundſatz
nicht auf und die Kirche hat immer Recht gehabt und
wird immer Recht haben, wenn ſie den menſchlichen Ge=
walten ſagt: „Ihr müſſet mir helfen!" „Nicht nur
zur Regierung der irdiſchen Geſellſchaft, ſondern vor=
züglich auch zum Schutze der Kirche iſt die Gewalt den
Fürſten gegeben worden," ſo ſprach Gregor XVI. und
Pius IX. erklärt noch beſtimmter, daß „die höchſte Au=
torität den Fürſten gegeben worden iſt nicht nur zur Re=
gierung der Welt, ſondern hauptſächlich zur Verthei=
digung der Kirche." Und Pius IX. hat dieſen Satz nur
wörtlich dem heiligen Papſte Leo dem Großen entnom=
men. Das iſt die formale Lehre des h. Stuhles und jene
Liberalen, welche aufrichtig katholiſch ſind, ſollten darauf
mehr Rückſicht nehmen.

„Es ſteht alſo, wird man darauf ſagen, doch we=
nigſtens ſo viel feſt, daß es zweierlei Arten von Libe=
ralen gibt?" — Gewiß; allein gibt es auch ebenſo ver=
ſchiedene Arten des Liberalismus? Darum dreht ſich
Alles, denn es handelt ſich hier um Principien und nicht
um Perſonen. Dem Charakter und den guten Abſichten
der katholiſchen Liberalen läßt Jedermann Gerechtigkeit
widerfahren. Andererſeits ſcheint es mir aber außer
allem Zweifel, daß ſie die gute Sache auf eine Weiſe
vertheidigen, welche dieſelbe compromittirt, mit falſcher

Klugheit, ohne den rechten Geist des Glaubens, mit Beweisen, welchen es an einer Grundlage gebricht, denn der Liberalismus ist kein Princip, das eine gründliche Prüfung verträgt. Seine Anhänger wissen im Grunde nicht recht, was sie wollen; sie glauben, eine Lehre zu besitzen und haben doch nur Gefühle; sie glauben die Principien zu vertheidigen, weil sie einige derselben uns vorlegen. Diese Principien sind indessen weiter nichts als vom Stamme abgerissene Aeste, weil sie von dem Principe abgelöst sind und haben weder Saft noch Leben.

Freiheit des Guten und des Bösen, so lautet, in zwei Worte zusammengefaßt, die liberale Thesis. Mag man sie nun mit christlichen Ansichten, oder mit böswilligen Hintergedanken annehmen und anwenden, — unter allen Umständen bleibt sie, was sie von Haus aus ist: ein schwerer Irrthum und in praktischer Beziehung ein sehr gefährlicher Irrthum, weil er verführerisch lautet, der Revolution sehr nützlich ist und ihr die Wege bereitet. Papst Pius IX. hat deßhalb vor Kurzem, ohne eine Unterscheidung zu machen, nicht die Absichten der Liberalen, sondern den Liberalismus verdammt und schon vor ihm hatte Gregor XVI. mit apostolischer Kraft dasselbe falsche Princip der Freiheit in seinen beiden Haupterscheinungen, der Freiheit des Gewissens und der Freiheit der Presse, verworfen.

Ich muß den Leser um Verzeihung bitten, daß ich mich so weitläufig über den Liberalismus ausgelassen habe. Allein diese Frage ist eben an der Tagesordnung, und man muß darüber im Klaren sein. Man merke indessen wohl: trotz dieser Differenzen, die im Grunde sich mehr auf das äußere Verhalten, als auf die eigentliche Lehre beziehen, sind alle guten Christen und erleuchtete Katholiken vollkommen einig, wenn es gegen die Revolution geht, und ihre Uneinigkeit beruht im Grunde nur auf Mißverständnissen und auf einem Spiele mit Worten und Formeln.

Ich nehme nun den Faden meiner Erörterung wieder auf und nachdem ich die Freiheit geschildert, wie die Kirche und wie der Liberalismus sie versteht, wollen wir nun schließlich noch sehen, wie die Revolution die Freiheit auffaßt.

3) Die Freiheit, das Böse zu thuen mit Hemmung des Guten, mit Unterdrückung der Kirche und ihrer Hirten, mit völliger Mißachtung aller Rechte der legitimen Gewalten, mit Verletzung der Rechte der Familie, — das ist die revolutionäre Freiheit. Es ist bei ehrenhaften Leuten völlig überflüssig, auf eine Erörterung dieser Dinge einzugehen. Das Böse thuen auf Kosten des Guten ist nicht mehr Freiheit, sondern Zügellosigkeit; es ist nicht mehr Gebrauch, sondern Mißbrauch und zwar ein gottloser Mißbrauch der herrlichsten der Gaben Gottes. Nur ein Bösewicht kann die Freiheit so begreifen und wollen.

Man hat gesagt, daß dieses die Freiheit von 1793 gewesen sei; ich aber sage, daß es auch die Freiheit von 1789 war, wenigstens in Allem, was die Kirche und den Glauben betrifft. Die Thatsachen haben es genugsam bewiesen, und man braucht nicht gerade Blut zu vergießen, um das Gute zu unterdrücken. Sind die revolutionären Gesetze nicht gefährlicher, als selbst die Guillotine?

Dies sind meines Erachtens die wahren Begriffe der Freiheit. Sie lassen sich eben so gut auf die religiöse, wie auf die bürgerliche und auf die häusliche Ordnung der Familie anwenden, und Jeder kann nun nach diesen Principien leicht selbst beurtheilen, was in Dem, was der moderne Staat die religiöse Freiheit, die Freiheit des Cultus, die Freiheit der Presse und sonst politische Freiheiten nennt, gut und böse ist.

Die rechte religiöse Freiheit besteht darin, daß man mit so wenig Hemmungen als möglich die Religion, die wahre Religion ausüben kann; sie legt dem weltlichen Herrscher die Pflicht auf, nach dem Maße des Möglichen die völlige und unbeschränkte Ausübung der katholischen Religion, welche die einzige wahre Religion ist, zu schützen und auf diese Weise die Kirche in ihrer heilbringenden Mission zu unterstützen. „Die Obrigkeit, sagt der h. Paulus, trägt das Schwert nicht umsonst, denn sie ist Gottes Dienerin zum Guten und eine Rächerin zur Bestrafung für den, der das Böse thut." (Röm. 13, 4.) Gibt es aber wohl ein größeres Gut, für ein Volk sowohl wie für jeden Einzelnen, als Gott frei erkennen und ihm dienen und auf diese Weise die erste und wichtigste aller Pflichten erfüllen zu können?

Ich habe gesagt: „Nach dem Maaße des Möglichen," weil es vorkommt, daß der Herrscher wie der Familienvater manche Dinge dulden muß, die er nicht hindern kann, obgleich sie dem geistlichen Wohle seines Volkes schädlich sind. Der Fürst hat nicht die Pflicht, durch unkluge Maßregeln Alles zu verderben, sondern durch alle rechtmäßigen Mittel eine bessere Zukunft vorzubereiten. Im Gewissen verpflichtet ist er nur, unmittelbar jenes Böse auszurotten, das er unverweilt ausrotten kann. „Ein Rächer, zur Bestrafung für den, welcher das Böse thut."

Was wir in diesem ganzen Kapitel gesagt, läßt sich ebenfalls auf die Freiheit der Presse, auf die Freiheit der Erziehung und des Unterrichtes, kurzum auf alle politischen Freiheiten anwenden. Man wird nie zu „liberal" sein, wenn man die Freiheit recht begreift, und man wird die Freiheit nur dann begreifen, wenn man zu der Kirche in die Schule geht. Sie allein ist die Mutter der Freiheit auf Erden, wie sie gleichzeitig die Schutzwehr und Retterin der Autorität ist.

XVII. Die Gleichheit.

Nur ein Wort über diese Frage, um das Wahre vom Falschen zu sondern. Wie bei der Freiheit, so unterscheiden wir auch drei Arten der Gleichheit: die eine ist gut; die andere scheint gut und ist es nicht; die dritte ist es nicht und scheint es auch nicht.

1) Die einzige absolut wahre und absolut mögliche und darum von der Kirche auch allein zugelassene und geübte Gleichheit, ist die christliche Gleichheit. Die Kirche hat stets gelehrt, daß alle Menschen Brüder sind, daß es nur Eine Sittenlehre, nur Eine Religion, nur Ein Ge-

richt, nur Einen Gott für die Armen wie für die Reichen, für die Fürsten wie für die Unterthanen, für die Kleinen wie für die Großen gibt. Unsere Kirchen sind die einzigen wahren Tempel der Gleichheit unter den Menschen und unsere Sacramente, namentlich das Sacrament der h. Communion, sind göttlich eingesetzte Zeichen (Symbole), um uns Allen diese brüderliche und ewige Gleichheit zu Gemüth zu führen.

2) Die liberale Gleichheit von 1789, welche in unserer modernen Gesetzgebung vorwaltet, ist ein Mischmasch von wahren und falschen Begriffen, wie die Principien von 1789 selber; in manchen Punkten ist sie zulässig (wie zum Beispiele in Bezug auf die Vertheilung der Abgaben, den Genuß der bürgerlichen Rechte ꝛc.), in anderen Punkten aber ist sie dem Gesetze Gottes entgegen (z. B. in Allem, was sich auf die kirchlichen Immunitäten bezieht.) Außerdem ist sie in der Praxis und im Leben oft unmöglich, selbst dann, wenn sie theoretisch geschrieben steht. In jedem Lande besitzen ja die großen Würdenträger des Staates, die hohen Beamten und sonstige einflußreiche Personen factisch eine Masse von Privilegien, welche die bürgerliche und politische Gleichheit zerstören und durch Gesetze nie abgeschafft werden können.

3) Die revolutionäre Gleichheit, die Gleichheit von 1793 und der Guillotine, die wilde Gleichheit des Proudhon, ist die absolute Gleichmacherei aller Lebensverhältnisse, ist Socialismus, Communismus und Anarchie.

Diese einfachen Unterscheidungen des gesunden Menschenverstandes werden ausreichen, um Licht in viele Erörterungen zu bringen, bei welchen alle ehrenhaften Leute im Grunde einig sind, und auch hier nur darum streiten, weil sie sich nicht verstehen.

XVIII. Wie die Principien von 1789 im Leben angewendet worden sind.

Wollet ihr wissen, wie seit einem halben Jahrhundert die revolutionäre Presse aller Farben unter allen Regierungen die Principien von 1789 verstanden und sie gegen uns in Anwendung gebracht hat, so erwäget das Folgende. Es sind lauter Thatsachen, die nicht in Abrede gestellt werden können.

Die religiöse Gleichgültigkeit wird durch die bürgerliche Gesetzgebung begünstigt und bricht sich in der Societät immer mehr Bahn; — der Glaube wird durch eine tolle Zeitungspresse fortwährend angegriffen und verliert immer mehr und mehr von seinem wohlthätigen Einflusse; — die materielle Civilisation überflügelt überall die christliche Civilisation und entwickelt in ganz Europa den Luxus und Materialismus; — der Respect gegen die Autoritäten ist aus den Herzen fast ganz verschwunden und der Geist der Unbotmäßigkeit in der Familie, in Kirche und Staat über alles Maß entwickelt worden; — die Erziehung und der Unterricht der Jugend befinden sich größtentheils in den Händen irreligiöser Laien, welche weder die Mission, noch den Willen haben, die Kinder die katholische Wahrheit zu lehren und noch viel weniger sie zur Ausübung derselben anzuhalten; — die heiligsten katholischen Institutionen, wie die Ehe, die religiösen Orden, die Synoden der Oberhirten der Kirche werden von weltlichen Behörden, die absolut incompetent sind, gehemmt, ja mitunter ganz unterdrückt; — Alles, was von Rom kommt, ist verdächtig, was gegen Rom geht, wird ermuntert und anerkannt; — die öffentliche Meinung ist durch die falschen Freiheiten gründlich verdorben und in ganz Europa gegen die katholischen Ideen, gegen das Papstthum verhetzt; — die Kirche ist des Eigenthumsrechtes beraubt und dadurch der Gnade des Staates preisgegeben; mit einem Worte, alle Principien sind gefälscht, alle Gewalten herabgewürdigt, der Glaube abgeschwächt, ganze Völker leben ohne Gott und Religion dahin, die Gemüther immer mehr unter dem verderblichen Einflusse der Religionsgleichgültigkeit; — und zwar das Alles im Namen des Gesetzes, im Namen der modernen Principien.

Das ist das praktische Resultat, das sind die Früchte, welche die „gemäßigte" Revolution, die Revolution von 1789 der Kirche gebracht hat.

Und wenn wir nun andererseits einen Blick auf das moderne Europa, diese Tochter von 1789, werfen, was gewahren wir da? Mehr Revolutionen und zwar sociale Revolutionen in einem Jahre, als früher in einem Jahrhunderte; die Völker spielen mit den Kronen der Könige, wie Kinder mit einem Balle; seit siebzig Jahren sind 39 Throne gefallen; 22 Dynastien sind vertrieben worden und reisen nun wie Handwerksburschen auf allen Heerstraßen Europas umher; 25 Verfassungen sind bejubelt, beschworen und — zerrissen worden; die entgegengesetztesten Regierungsformen folgen einander nach, wie die Blätter auf den Bäumen, wie die Wogen eines durch die Stürme gepeitschten Meeres. Die ganze Welt steht auf einem Vulkan und alle Jene, welche man noch Fürsten, Könige und Kaiser nennt, wanken und schwanken auf ihren Thronen, wie der Matrose auf der Spitze des Mastes während des Sturmes.

An den Früchten sollet ihr den Baum erkennen! Urtheilet nun nach den Consequenzen, und rühmet dann noch die Principien, wenn ihr es über euch zu bringen vermöget!

XIX. Von den verschiedenen Arten der Revolutionäre.

Da die Revolution eine Idee, ein Princip ist, so ist jeder Mensch, der sich durch diese Idee beherrschen, durch dieses Princip leiten läßt, ein Revolutionär. Er ist es in höherem oder minderem Grade, je mehr oder weniger er in die Schlinge geht.

Man kann und muß verschiedene Gattungen von Revolutionären unterscheiden. Die ersten, die allerschlimmsten, dem Satan ihrem Vater am nächsten Stehenden, sind jene unseligen Menschen, die kaltblütig gegen Gott und die Welt conspiriren, die Völker betrügen und verführen und das höllische Heer zum Sturme gegen die Kirche und die Societät führen. Sie sind, Gott sei Dank, nicht zahlreich, aber es sind wahre Teufel.

Nach ihnen kommen, weniger durchfressen von der

revolutionären Idee, aber immer noch verkehrt genug, jene Menschen, die auch, so weit es in ihren Kräften steht, die Revolution ihrem Endziele zufühten, welche die katholische sociale Ordnung und selbst das wahre monarchische Princip zu vernichten suchen, aber von Mord und Plünderung nichts wissen wollen. Hierher gehören die Mirabeau, die Palmerston, die Cavour und alle jene Ungläubigen, welche seit hundert Jahren die Politik, die bürgerlichen Gesetze und Institutionen gegen die Kirche Jesu Christi gekehrt haben und dadurch eine Geißel für die christliche Societät geworden sind. Diese Leute verstehen sich mehr zu mäßigen, als die erstgenannten; sie verhüllen ihre antikatholischen Bestrebungen mit größerer Sorgfalt und flößen darum keinen Abscheu ein; sie reden und schreiben ganz offen, Niemand legt ihnen ein Hinderniß in den Weg und sie verfügen auf diese Weise über eine sehr bedeutende materielle und moralische Macht; sie glauben zu schieben und werden geschoben, ihre große Anzahl und die ihnen zur Verfügung stehenden Mittel machen sie höchst gefährlich.

In dritter Reihe kommen jene Männer der Ordnung die Söhne von 1789, welche in der ganzen politischen und socialen Ordnung von der Kirche abstrahiren wollen. Ihre Absichten sind oft gut, allein es fehlt ihnen der antirevolutionäre Sinn, mit anderen Worten, der katholische Sinn, der Glaube. Sie hegen keinen Haß gegen die Kirche, sie zollen ihr sogar eine gewisse allgemeine und unbestimmte Verehrung, allein sie begreifen dieselbe nicht und hindern sie, die Societät zu retten, welche ja doch nur durch die Kirche gerettet werden kann. Ihre revolutionäre Wirksamkeit ist mehr negativer als positiver Art. Seit hundert Jahren gehören fast alle europäischen Staatsmänner dieser sehr zahlreichen Klasse von Revolutionären an. Fast der ganze europäische Journalismus kämpft in ihren Reihen und steht in ihrem Dienste. Aus ihnen recrutiren sich zumeist die Freimaurer.

Ihnen schließen sich jene phantasiereichen Menschen an, die zwar keinen religiösen Unterricht erhalten, aber ein gutes edles Herz haben, welche die demokratischen Ideen für einen edlen Aufschwung, für Liebe zum armen Volke, für Patriotismus halten und alles Ernstes glauben, daß die Revolution ein wohlthätiger Fortschritt, die Religion der Freiheit sei. Sie haben eine große Vorliebe für alle Reformen und eine ebenso große Scheu gegen alle Emeuten. Es sind das arme, verirrte Menschen, die viel Unheil anstiften, ohne es zu merken. Eine gründliche religiöse Belehrung und Bekehrung würde sie wieder auf den rechten Weg zurückführen.

Ganz in der Nähe von uns, allein immer noch in dem Heerlager der Revolution finden wir endlich eine bedeutende Anzahl ehrenhafter christlich gesinnter Männer, ja mitunter praktisch frommer, allein nicht gehörig unterrichteter Christen, die sich durch den Schein des Liberalismus blenden lassen, und das Gute und das Böse vermitteln wollen. Die Vorurtheile, welche sie durch ihre Erziehung, durch Lectüre, durch ihre Zeitung, durch ihre Politik und sociale Stellung eingesogen, lähmen in der Praxis die Gefühle der Ehrfurcht, welche sie im Herzen gegen die Rechte der Religion hegen. Sie haben den Priester gern und doch fürchten sie sich vor seinem Einfluß; sie tadeln den Papst und den Episkopat, nehmen ohne Weiteres Partei für den Staat gegen die Kirche, für die weltliche gegen die geistliche Gewalt, kurzum sie haben in der Politik kein anderes Princip als den Liberalismus, der kein Princip ist. Mit dem Worte „Freiheit" führt man sie hin, wohin man will; „Säcularisation" und „Mäßigung" scheinen ihnen das einzige Heilmittel für alle Uebel.

Alle diese Leute gehören mit ihrem oder gegen ihren Willen der Partei der Revolution, der Partei der wahren Unordnung, der religiösen und politischen Desorganisation der Societät an. Die ersten und zweiten sind die Führer, die übrigen sind die Werkzeuge, wenn sie nicht die Betrogenen sind. Alle miteinander sind in jenes ungeheuere Netz verwickelt, von welchem oben die hohe Venta spricht; die letzten, die braven Leute unter den Revolutionären, verabscheuen und fürchten zwar die andern, wie der Gründling den Hecht fürchtet; aber der Hecht verschlingt den Gründling.

Möge darum Jeder sich prüfen und richten, möge Jeder in seinem Gewissen und vor Gott zusehen, ob er einer jener fünf Klassen angehört, die ich geschildert habe. Vermögen, Rang und Geist ändern an der Sache nichts; man kann in jeder socialen Stellung ein Revolutionär sein, denn ob man dieses ist oder nicht, hängt von den Principien und dem Verhalten des Mannes ab. Wer in Gedanken oder Werken, in seinem privaten oder öffentlichen Leben, durch Worte, Thaten und Beispiele, kurz wie es immer sei, die sociale katholische Ordnung verletzt, die von Gott eingesetzt ist für das Heil der Welt, der ist ein Revolutionär, mag er nun groß oder klein, Geistlicher oder Laie sein, — einerlei. Es gibt Revolutionäre überall, in den Werkstätten, in den Palästen wie in den Hütten; es gibt Revolutionäre in schwarzem Frack und weißer Cravatte, wie es solche in Ueberrock und Blouse gibt.

Nur die Katholiken, die wahren Katholiken an Geist und Herz stehen außerhalb des Heerlagers der Revolution; allein auch sie mögen sich hüten, daß sie mitten unter dem allgemeinen Verderben nicht verführt werden. Nur Ein Mensch auf Erden ist der Verführung unbedingt unzugänlich, es ist Derjenige, welchem Christus gesagt hat: „Ich habe für dich gebetet, damit dein Glaube nicht wanke; gehe du nun hin und stärke deine Brüder." Der Papst, der Nachfolger des heiligen Petrus, das Oberhaupt der Kirche, wird von Gott selbst gegen alle Irrthümer und also auch gegen den revolutionären Irrthum geschützt. Als Papst, als allgemeiner Lehrer der katholischen Welt, kann er nicht verführt werden. Halten wir also an der Lehre des Papstes unverbrüchlich fest und lasset uns mit Glauben und Vertrauen über alle anderen Häupter, über alle Kronen, ja selbst über alle Bischofsmützen hinaus unsern Blick richten auf die Tiara des heiligen Petrus; denn das einzige, aber auch unfehlbare Mittel, der Revolution zu entgehen besteht darin, daß man wisse, was der römische

Papst, der Statthalter Gottes lehrt, daß man wie er
denke, wie er glaube, wie er rede. Wie viele verkehrte
Ansichten herrschen über diesen Punkt unter Jenen, welche
die Welt „brave Leute" nennt und wie viele Wölfe
halten sich für Lämmer!

XX. Wie man Revolutionär wird.

Eine Societät wird revolutionär, wenn sie die Em­
pörungen und bösen Leidenschaften nicht unterdrückt,
welche in ihrem Innern die großen religiösen und politi­
schen Principien untergraben, die, wie oben nachgewiesen,
die Grundlage aller socialen Ordnung sind. Doch ich
will hier nicht von den Societäten, sondern nur von den
Personen reden und bei diesen fängt die revolutionäre
Laufbahn oft sehr frühzeitig an.

Betrachte dieses Kind, welches seine Mutter beißt
und schlägt: es ist der Revolutionär in Windeln.
Wenn es fünf Jahre alt ist, lärmt es in der Wohnung
herum und quält Vater und Mutter mit seinen schlimmen
Launen fast zu todt; der Revolutionär ist dann schon
ins Kraut geschossen. In der Schule macht sich das
immer mehr zeitigende Früchtchen über seine Lehrer lustig,
zerreißt seine Bücher und führt alle möglichen Buben­
stücke aus; — der Revolutionär macht da seine Studien.
Als Lehrling gewöhnt er sich ans Laster, insultirt die
Priester, die ihn zu seiner ersten heiligen Communion
vorbereiten und die guten Schulbrüder, welche ihn um­
sonst und Gott zu Liebe erzogen haben; hier habt' ihr
den Revolutionär, welcher bereits den Doctorgrad sich
erworben. Als Geselle und Arbeiter empört er sich ge­
gen seinen Meister, liest und schwatzt über die demago­
gischen Blätter, schimpft auf die Regierung, läßt sich in
eine geheime Gesellschaft aufnehmen, feiert den blauen
Montag, aber nie den Sonntag und geht im Nothfall
auf die Barrikaden; — der emancipirte Revolutionär!
Soviel von dem Revolutionär in der Blouse.

Der Revolutionär im Paletot und schwarzen Fracke
ist auf dem Gymnasium ein ungezogener Schüler; seine
Sitten sind schon frühzeitig verdorben; er organisirt

Clubbs und Classentumulte und wird von Lycee zu Lycee fortgejagt; schon als Jüngling ist er ein Wüstling, ungläubig, ehrgeizig, kurz ebunden; er ist Demokrat, ohne zu wissen, was das ist, und wenn er so viel gelernt hat, daß er Papier zu verschmieren versteht, so schreibt er Zeitungsartikel; — ein Revolutionär, der zu nichts Anderem zu gebrauchen ist. Er schreibt Theaterstücke oder Brochüren und wenn er mit seiner Prosa Glück hat, wenn er einen gewissen Einfluß gewinnt, so geschieht von zwei Dingen eines: entweder „erwischt" er eine Stelle, ein einträgliches Amt, und dann wird er ein Mann der Ordnung. Oder aber er geht leer aus und dann läßt er sich auf Verschwörungen ein und faßt den festen Entschluß, wenn der Schlag gelingt und er je zur Macht gelangt, Hand an den Staatssäckel zu legen und den „Fanatismus" und „Aberglauben" auszurotten; — der Revolutionär, der ein großer Herr, ein „Vater der Freiheit" geworden ist.

Mit einem Worte: man wird zum Revolutionär, wenn man sich daran gewöhnt, über die Autorität, über die väterliche, die religiöse und politische Autorität sich hinauszusetzen; der Geschmack an der Revolte nimmt dann von Jahr zu Jahr zu und unter dem Einflusse des Teufels wird man oft ein wahrer Lastermensch und Unhold.

XXI. Wie man wieder aufhört ein Revolutionär zu sein.

Die Societäten hören auf revolutionär zu sein, wenn sie wieder katholisch, ganz und gut katholisch werden. Was die Individuen betrifft, so müssen diese beichten gehen; ein anderes Rettungsmittel für sie gibt es nicht.

Die Revolution ist die Empörung, der Stolz, die Sünde; die Beichte und mit ihr die allersüßeste und allerheiligste Communion ist die demüthige Unterwerfung des Menschen unter seinen Schöpfer, ist Liebe, Reinheit, Ordnung.

Ich habe einen jener glücklichen Bekehrten aus dem revolutionären Heerlager gekannt; er hatte sich allen

Verirrungen hingegeben, welche die Empörung des Geistes und des Herzens mit sich zu bringen pflegt; er hatte die Kirche als ein schädliches Stück alten Trödels, die Autorität als ein entwürdigendes Joch verworfen. Als Volksrepräsentant saß er auf dem Berge und träumte dort von Gott weiß welcher Regeneration der Menschheit. Da er indessen im Grunde seines Herzens ein ehrlicher, und bei allen seinen Verirrungen ein wohlmeinender Mann war, so sah er bald, wie vor ihm Abgründe sich öffneten, die er dort nicht vermuthet hatte; er sah die Revolutionäre in der Nähe und lernte ihre Pläne und Werke kennen. Er war ein Anhänger der famosen Principien von 1789 und sah nun, wie die Consequenzen von 1793 mit Nothwendigkeit daraus sich entwickelten; er ertappte die Revolution auf der That — und zurückgeführt zu dem Guten durch das Uebermaß des Bösen selbst, streckte er jetzt in der Verzweiflung seine Arme aus nach der Kirche, die er verkannt hatte; er fühlte Reue, er prüfte sein Gewissen, er glaubte und legte zu den Füßen des Priesters mit der Last seiner Sünden das scheußliche Gewand ab, in welches ihn die Revolution als ihren Diener gekleidet. Es sind seitdem zehn Jahre verflossen und er hat den Frieden und das Glück wiedergefunden. Er wirkt außerordentlich viel Gutes und widmet sich dem Dienste Jesu Christi mit heiligem Eifer.

Wie viele gleich edle Herzen gibt es in den Reihen unserer jungen, nicht christlich erzogenen Demokraten, die, durch revolutionäre Phantasien getäuscht, diesen Frieden und dieses Glück suchen, ohne sie finden zu können! Die Sehnsucht ihrer Seele wird nicht eher befriedigt werden, als bis sie dem süßen Joche des Heilandes sich unterwerfen und als wahre Katholiken die göttliche Macht jenes Wortes im Evangelium an sich erfahren werden: „Kommet alle zu mir, die ihr mühselig und beladen seid und ich will euch erquicken. Nehmet mein Joch auf euch und lernet von mir, daß ich sanftmüthig und demüthig bin von Herzen und ihr werdet die Ruhe euerer Seelen finden."

Und was hier von den Einzelnen gesagt ist, das gilt ebensosehr von der Societät im Ganzen. Der verlorene Sohn, die heutige Welt, im Elende und fern von dem Vaterhause, fern von der heiligen Kirche, wird nur zu den Füßen Jesu Christi und seines Statthalters wieder Ruhe finden.

XXII. Die katholische Reaction.

Sind wir Reactionäre? — Nein, wenn man unter Reactionären nichts weiter versteht als grämliche Leute, die angeblich fortwährend darüber klagen, daß die Vergangenheit, das alte Regiment, das Mittelalter vorüber ist. „Niemand, sagte der gute Nikodemus, kann in den Mutterleib zurückkehren, um von Neuem geboren zu werden;" wir wissen das auch und verlangen darum nicht das Unmögliche.

Aber wir sind Reactionäre, wenn man darunter Männer von Herz und Ueberzeugung versteht, katholisch vor Allem, die kein Princip daran geben, keine Wahrheit verläugnen, die mitten unter den Lästerungen und Verwüstungen der Revolution die sociale Ordnung respectiren, wie Gott sie gegründet hat, die fest entschlossen sind, vor den Forderungen einer verkehrten Welt auch keinen Schritt zurückzuweichen und die antirevolutionäre Reaction für eine Gewissenspflicht halten.

Wir haben schon mehrfach bemerkt: die Revolution ist die große Gefahr, welche heute die Kirche bedroht. Mögen Diejenigen, welche uns einzuschläfern suchen, sagen was sie wollen: diese Gefahr steht vor unserer Thüre, sie liegt in der Luft, welche wir athmen, in unseren geheimsten Gedanken. Am Vorabende großer Katastrophen hat es unbegreiflicher Weise stets solche Blinde, Taube und Stumme gegeben, die nichts sehen, nichts hören, nichts begreifen wollen. „Es geht ja Alles gut, so hört man sie reden; die Welt war noch nie so aufgeklärt, der allgemeine Wohlstand so groß, die Armee so tapfer, die Verwaltung so gut geordnet, die Industrie so blühend, der Verkehr so rasch, das Vaterland so einig wie jetzt." Diese Leute sehen nicht ein und wollen nicht einsehen, daß unter der Decke dieser äußeren materiellen Ordnung eine tiefe moralische Unordnung liegt, und daß die Mine, welche jeden Augenblick in die Luft fliegen kann, gerade an dem Fundamente des Gebäudes angelegt ist. Sie schlafen und schläfern Andere ein, sie geben die Vertheidigung auf und verleiten auch Andere, daß sie sich zurückziehen und geben so die Kirche wehrlos der Revolution preis.

Und doch ist es klarer als der Tag, daß die Revolution das Antichristenthum ist, das alle der Kirche feindlichen Gewalten um sich sammelt: Unglauben, Protestantismus, Cäsarismus, Gallicanismus, Rationalismus, Naturalismus, falsche Politik, falsche Wissenschaft, falsche Erziehung. „Alles das ist mein, ruft die Revolution, Alles das fördert mein Werk, wir ziehen alle aus gegen den gemeinsamen Feind! Der Papst, die Kirche muß fallen, das katholische Joch gebrochen, die Menschheit emancipirt werden!"

Das ist der furchtbare Feind, gegen welchen jeder Christ im Gewissen zu reagiren verpflichtet ist, wie wir schon bemerkt haben, und zwar mit all jener Energie, welche die Liebe Gottes im Bunde mit dem wahren Patriotismus uns einflößt. Das ist der gemeinsame Feind, und wir müssen siegen oder sterben.

Wie aber werden wir siegen? — Zuerst dadurch, ich wiederhole es noch einmal, daß wir uns nicht fürchten. Ein Christ, ein Katholik, ein braver Mann braucht Niemanden zu fürchten, als Gott. Nun aber ist Gott mit uns und wir haben die Gewißheit, daß wir über kurz oder lang den Sieg davon tragen werden. Vielleicht wird darüber noch Blut fließen, wie in den ersten Jahrhunderten; es wird Blut, Demüthigungen und Opfer aller Art kosten, mag sein. Aber am Ende werden wir siegen! „Habet Vertrauen, denn ich habe die Welt überwunden!"

Wir müssen ferner im Dienste der guten Sache allen unsern Einfluß und alle die Mittel, über welche wir verfügen, in Bewegung setzen. Können wir in unserer socialen Stellung durch unsere Feder oder jedes andere

ehrenhafte Mittel einen allgemeinen Einfluß auf die
Societät ausüben, so müssen wir in dieser unserer öffent=
lichen Stellung unsere katholische Pflicht erfüllen. Wir
müssen überhaupt das Gute im möglichst großen Maß=
stabe üben.

Können wir indessen nur persönlich und in beschränk=
teren Verhältnissen wirken, so dürfen wir ja nicht glau=
ben, daß dieser Einfluß mitten im Sturme verloren sei.
Der Ocean besteht nur aus einzelnen Wassertropfen, die
sich gesammelt haben, und der Kirche ist es dadurch, daß
sie drei Jahrhunderte lang mit unsäglicher Geduld die
Personen einzeln bekehrte, gelungen, die Welt zu bekehren
und umzugestalten. Wir müssen ebenso handeln; der
Revolution gegenüber, welche, wie damals das Heiden=
thum, eine allgemeine ist, müssen wir, ein jeder für seine
Person, „das Reich Gottes und seine Gerechtigkeit such en
und alles Uebrige wird uns zugeworfen werden."
Junge Leute, gereifte Männer, Greise und Kinder,
Frauen und Jungfrauen, Reiche und Arme, Priester und
Laien, wer wir auch seien, wir müssen alle mit Vertrauen
thätig sein und an Gottes Werk mitarbeiten; und wenn
dann die Welt mit Heiligen sich füllt, wenn die Mehr=
zahl der Menschen, welche die Societät bilden, tief katho=
lisch wird, so wird die öffentliche Meinung schon von
selbst und ohne Erschütterung die Societät wieder umge=
stalten, die jetzt auf dem Wege des Verderbens ist, und
die Revolution wird wieder verschwinden.

Wir müssen überhaupt für das Gute dieselbe Energie
entwickeln, wie die Revolution für das Böse. Wir
haben oben gesehen, was für Pläne die Kinder der Fin=
sterniß verfolgen. Sie sagen: „Die Arbeit, welche wir
unternommen haben, ist nicht das Werk eines Tages,
eines Monates, oder eines Jahres; sie kann mehrere
Jahre, vielleicht hundert Jahre dauern; allein in un=
seren Reihen fällt der Soldat und der Kampf währt
fort. Wir dürfen darum durch einen mißlungenen Plan
oder durch eine Niederlage uns nicht einschüchtern lassen,
denn durch schlechte Erfolge hindurch gelangen wir am
Ende zum Siege."

Gerade so sollten auch die Kinder des Lichtes verfahren und denselben Grundsatz mit dem Eifer der Liebe ausüben. Die Kirche ist arm, ihr aber seid reich; nun so gebet ihr von euerem Golde; seid ihr aber selbst arm, so theilet euer Brod mit ihr. Die Kirche wird mit den Waffen in der Hand angegriffen: nun, in eueren Adern rollt ja ein edles Blut, bietet ihr dasselbe! Die Kirche wird unwürdig verläumdet; nun, ihr habet ja eine Stimme, so redet; ihr habet eine Feder, so schreibet zu ihrer Vertheidigung. Die Kirche wird selbst von Denen, welche sich ihre Kinder nennen, verlassen und verrathen, es kann ihr Niemand helfen, als Gott; nun, so erflehet ihr diesen Schutz von oben durch euer Gebet. Machen wir Alle jenes schöne Wort Tertullian's auch zu unserem Wahlspruche: „In Zeiten, wie die jetzigen, muß jeder Katholik Soldat sein."

Vor allen Dingen ist es in der jetzigen Zeit nothwendig, den Geist mit größter Sorgfalt auszubilden, denn das Leben muß auf rein katholischen Principien beruhen, damit wir nicht wie so viele Andere von jedem Winde der Lehre fortgeweht werden. Fast allen jungen Leuten, welche den revolutionären Ideen verfallen sind, fehlen jene ernsten, durch Nachdenken zu gewinnenden Principien, deren unwandelbarer Ausgang der Glaube ist. Eine furchtbare Verantwortlichkeit ruht in der Beziehung auf jenen Männern, welche mit dem Unterrichte der Jugend betraut sind, denn schon seit langer Zeit sind die Erziehung und der Unterricht geheime Brutstätten der Revolution.

Der Lectüre schenke man die größte Aufmerksamkeit. Es gibt nur sehr wenige gute Bücher, Bücher, die in Bezug auf die Prinzipien, namentlich die politischen und socialen Principien wahrhaft rein sind; fast alle verkennen die sociale Mission der Kirche vollständig und bekämpfen sie, oder ignoriren vollkommen dieselbe. Da die Leute die göttliche Autorität nicht mehr zum Ausgangspunkte haben, so müssen sie eben Alles auf den Menschen allein bauen; auf den Souverän, wenn sie Monarchisten sind, und dann haben wir den Absolutismus oder Cäsarismus; oder auf die Souveränetät des Volkes, wenn sie Demokraten sind, und dann haben wir die eigentliche Revolution. Auf beiden Seiten aber herrscht ein Grundirrthum, das antichristliche sociale Princip. Die gefährlichsten dieser Bücher aber, wenigstens für sonst wohlmeinende Leser, sind nicht die offenbar gottlosen Brochüren, sondern vielmehr jene Werke, die eine falsche, gemäßige Doctrin vertreten und der Kirche noch einen gewissen Respect zollen. 1789 ist viel gefährlicher als 1793!

Namentlich hüte man sich vor den Geschichtsbüchern. Erst seit einigen Jahren ist in Folge des redlichen Strebens und der gewissenhaften Studien einzelner Männer eine Wendung zum Bessern eingetreten und es sind mehrere treffliche Werke erschienen, die vorläufig ausreichen, um Vorurtheile und Irrthümer zu zerstreuen. Es war wirklich schlimm genug, denn seit dreihundert Jahren war ja die Geschichte, erst durch Sectenhaß, dann durch den Voltairianismus in eine wahre Kriegs- und Zerstörungsmaschine gegen das Christenthum umgewandelt worden. Sie war, wie der Graf von Maistre sagt, „eine permanente Verschwörung gegen die Wahrheit."

Was von den Büchern gilt, gilt in einem noch viel höheren Grade von den Zeitungen, dieser öffentlichen Pest, welche die ganze Welt vergiftet. Sie sind fast alle — öffentliche oder geheime Vorkämpfer der Revolution. Nichts ist gefährlicher als ein unkatholisches Blatt; es wird jeden Tag gelesen, eine solche wiederholte Lectüre übt auch auf die besten Köpfe ihren Einfluß und trübt am Ende das Urtheil. Ich bitte euch darum um Alles: Abonnirt euch auf kein derartiges Blatt und noch viel weniger auf jene Zeitungen, welche ihre schlechten Doctrinen mit der Maske des Anstandes bedecken und sich für conservativ ausgeben. „Stille Wasser sind die allerschlimmsten."

Endlich empfehle ich allen jungen Männern einen tüchtigen und gründlichen religiösen Unterricht. Freilich darf ich es nicht wagen, ihnen die Summa des heiligen

Thomas vorzuschlagen, jenes unvergleichliche Meisterwerk, das in einem großartigen Systeme die ganze religiöse Doctrine und die ganze Tradition des Katholicismus darstellt, denn die Geister sind soweit herabgekommen, seitdem der Glaube die Vernunft nicht mehr erleuchtet, daß man heutzutage nicht einmal mehr im Stande ist, ein Werk zu verstehen, welches jener große Lehrer den Studirenden des Mittelalters als „Milch für Anfänger" darbot. Allein es gibt viele andere treffliche Werke, über welche dem minder gelehrten Leser jeder gebildete Geistliche und Laie Aufschluß geben kann.

Die Bildung des Geistes reicht indessen nicht aus, sondern es wird auch noch die Heiligkeit des Herzens erfordert. Jeder Mensch, der gegen das Uebel, das uns aufreibt, im Ernste reagiren will, muß wie ein wahrer Christ leben und eines reinen, unschuldigen, von der Welt abgesonderten und vom Geiste des Evangeliums belebten Wandels sich befleißigen; er muß viel beten, häufig die h. Sakramente empfangen und so das wahre christliche und katholische Leben aus seinen lebendigen Quellen schöpfen.

Nur die Männer des Glaubens, des Gebetes und der Liebe besitzen das Geheimniß, wie man große Siege erringt.

So soll unsere Reaction gegen die Verführung durch falsche Principien und gegen den allgemeinen Zug der Zeit beschaffen sein. Das ist Pflicht für uns Alle und zwar eine Pflicht, über deren Erfüllung wir Gott werden Rechenschaft ablegen müssen, wenn wir vor seinem Richterstuhle erscheinen. Diese Pflicht aber haben vorzugsweise Jene zu erfüllen, welche direct oder indirect mit der Leitung der Seelen beauftragt sind: die Hirten der Kirche, die Bischöfe und Priester, als Lehrer des christlichen Volkes, welche von Gott damit beauftragt sind, alle Menschen über alle ihre Pflichten zu unterrichten und sie vor den Schlingen der Lüge zu schützen; die Herrscher der Staaten, welche, wie wir gesehen haben, indirect für das Seelenheil ihrer Völker sorgen müssen, indem sie der Kirche ihre heilbringende Mission erleichtern; die Väter und Mütter endlich, deren Hauptaufgabe darin besteht, aus ihren Kindern tüchtige Christen und thatkräftige, gesinnungsvolle Menschen zu machen.

Möge Gott unsere Anstrengungen segnen und die Welt noch einmal durch die Christen gerettet werden!

XXIII. Lohnt es sich aber überhaupt noch der Mühe, gegen das Unmögliche anzukämpfen?

Gegen das Unmögliche brauchen wir nicht zu kämpfen; die Frage ist eben nur, was unmöglich ist. Meiner Ansicht nach ist das Wort unmöglich nicht christlich. „Was den Menschen unmöglich scheint, ist vor Gott möglich." War es, als die heidnische Welt sich in jenem Zustande befand, den Jedermann kennt, war es damals nicht unmöglich und zwar dreimal unmöglich, daß zwölf jüdische Fischer sie zu der Thorheit des Kreuzes bekehrten? War es nicht unmögl ch, daß der h. Petrus dem Nero im Vatikan nachfolgte? Die ganze Kirchengeschichte ist weiter nichts, als eine Geschichte von überwundenen Unmöglichkeiten, die fortwährende Verwirklichung des Ausspruches des Heilandes: „Es wird euch nichts unmöglich sein." (Luk. 17, 19.) Es ist meiner Ansicht nach minder schwer, die gegenwärtige Welt wieder zu reinigen, als es unseren Vätern schwer gewesen ist, die heidnische Welt zu läutern. Wenn wir zu denselben Mitteln, zu denselben Waffen greifen, so wird der Glaube auch jetzt triumphiren, wie damals.

„Das Alles mag wahr sein, werden nun vielleicht bedenkliche Gemüther einwenden; da indessen die modernen und demokratischen Ideen jetzt überall verbreitet und eingewurzelt sind, da die Unmöglichkeit, daß die Kirche ihre Rechte über die Societäten wieder ausübe, eine vollendete Thatsache ist, und die Zukunft diese traurige Lage der Dinge immer mehr zu begünstigen scheint, — wäre es da nicht vielleicht vernünftiger und für die gute Sache selbst nützlicher, diese Thatsache zu accepiren, in der Rechtsfrage Concessionen zu machen und ohne Bedenken mit den modernen Principien sich abzufinden? Setzen wir uns nicht der Gefahr aus, Alles zu verlieren, wenn wir anders handeln? Ja, setzen wir nicht selbst die Religion öffentlichen Anklagen und Angriffen aus?" — Hütet euch wohl, solchen Reden zu glauben! In Uebergangszeiten, wie die unsrigen, bedürfen die Menschen der Wahrheit, der ganzen Wahrheit. Die Wahrheiten sind von den menschlichen Leidenschaften abgeschwächt und aufgegeben worden und wir als die Träger aller dieser heiligen Principien des religiösen, socialen, politischen und häuslichen Lebens, wir müssen sie der Welt zurückerobern, die darum stirbt, weil sie dieselben nicht mehr kennt. Nur keine menschliche Klugheit, sie würde Alles verderben! Klug müssen wir allerdings sein, allein klug in Christo. Wir werden wie immer für Thoren gehalten, aber weise sein; „predigen wir also das Wort, wie der Glaube uns gebietet, halten wir an damit, es sei gelegen oder ungelegen. Unterweisen, bitten, strafen wir in aller Geduld und Lehrweisheit." Es sind dieses die eigenen Worte des h. Apostels Paulus, welcher uns darum beschwöret, „vor Gott und Jesu Christo, der die Lebendigen und die Todten richten wird." Und er fügt mit einem prophetischen Blicke auf unsere Zeit hinzu: „Denn es wird eine Zeit kommen, daß sie die gesunde Lehre nicht mehr ertragen, sondern nach ihren Gelüsten sich Lehrer über Lehrer nehmen werden, welche die Ohren kitzeln, und von der Wahrheit werden sie das Gehör abwenden, zu den Fabeln aber hinwenden. Du aber sei wachsam und ertrage alle Mühseligkeiten." Nichts ist so klar, wie diese Verhaltungsregeln, und wir müssen den Muth haben, sie zu befolgen.

„Aber wie wird man dann gegen die Kirche schreien?" — Man wird schreien und später — zu schreien aufhören. Schreit man vielleicht jetzt nicht? Was ist der Journalismus? was ist die Politik in ganz Europa eben Anderes, als ein ständiges Geschrei gegen die Kirche unter dem Namen der klerikalen Partei, ultramontaner Uebergriffe, des Fanatismus? Reden darum auch wir laut und fest unter allen diesen Schreiern und bedenken wir, daß es nicht erlaubt ist, zu schweigen. „Wehe mir, weil ich geschwiegen habe!"

„Wenn ihr aber zu viel verlanget, werdet ihr gar nichts erhalten." — Wir verlangen nicht zu viel, wir verlangen nur das, was Gott will, was die Menschen ihm geben müssen, was recht und billig und außerdem allein im Stande ist, uns Alle zu retten. Merket es wohl: Es handelt sich hier um Leben oder Tod, wie einst bei dem Kampfe zwischen Heidenthum und Christenthum. Es stehen sich zwei Principien gegenüber, die sich ausschließen, die Kirche und die Revolution, Christus und der Teufel; ein Mittelding gibt es nicht. Oder seid ihr am Ende gar noch so einfältig, zu glauben, daß man mit Concessionen bei den Revolutionären etwas ausrichte? „Nur eine einzige Concession kann uns befriedigen und das ist die völlige Vernichtung der weltlichen Macht der Kirche." So haben die Häupter der Revolution sich wörtlich geäußert. Verlangten wir weniger, so würden wir nichts gewinnen.

„Aber man muß doch Liebe üben!" — Allerdings; Liebe und Sanftmuth können die Verirrten zurückführen, und man muß deßhalb stets sanft und liebevoll sein. Allein die Principienfragen sind Fragen der Wahrheit, nicht aber der Liebe, und es ist hier gar kein Stoff zu Concessionen vorhanden. Ehe die katholische Kirche ein Bund der Liebe war, war sie zuerst ein Bund für die Wahrheit. Liebe und Wahrheit dürfen sich nie gegenseitig ausschließen und die Liebe, welche die Wahrheit preisgeben würde, wäre keine Liebe mehr, sondern Schwäche und Verrath.

„Allein man muß doch bei der Darlegung der Wahrheit vorsichtig sein; man darf die Perlen nicht den Schweinen vorwerfen." — Gewiß nicht, allein ebensowenig darf man die Wahrheit, die Kirche und Christus unter dem Vorwande verrathen, daß man die Sympathien der Menschen leichter gewinnen könne. Nie hat die Kirche so gehandelt; nie haben die Apostel, nie haben die Päpste und Heiligen auf diese falsche Klugheit sich gestützt, und die Christen, welche anders handelten, würden offenbar auf Irrwegen sich befinden. Würde ihre gute Absicht sie nicht entschuldigen, so würden sie sich ohne Zweifel einer Sünde vor Gott schuldig machen.

„Aber man kann doch den Leuten nicht Alles in's Gesicht sagen und auch die Wahrheit will zur rechten Zeit gesagt sein." — Diese Ansicht ist ganz richtig; allein sie gilt nur von jenen Wahrheiten, welche unnützer Weise verletzen, nicht aber von jenen, welche die Menschen heilen und retten können. Nun aber können die Wahrheiten der katholischen antirevolutionären Ordnung allein die Welt retten, wie die Zustände nun einmal sind. Wir müssen sie also verkündigen und durch liebevolle Festigkeit unsere Brüder wider ihren Willen retten.. Glaube mir, es ist schon viel gethan, wenn man im Besitze der Wahrheit das Vorurtheil, selbst das allgemeine Vorurtheil, ein angeblich unangreifbares Vorurtheil angreift. Der Angriff allein schon ist eine Verminderung des trügerischen Glanzes, womit es sich umgeben hat, und das ist schon viel, denn hinter jenem Glanze und Scheine ist nichts. Und endlich, wie Vacordaire in einer seiner Conferenzen sagt, „es ist immer besser, etwas zu versuchen, als gar nichts zu thuen."

Noch ist nichts verloren! Die Verhältnisse sind allerdings schwierig, wie alle Welt anerkennt; die katholische Kirche verliert ihren socialen Einfluß, um nicht zu sagen, ihre sociale Existenz, immer mehr; es gibt zwar überall noch Katholiken und gute Katholiken, aber es gibt keine katholische Mächte, keine nach der göttlichen Ordnung constituirten Staaten mehr; die Wogen der Revolution steigen von Tag zu Tag höher, wie die Gewässer der ersten Sündfluth; allein die Elemente des Heiles, die Grundbedingungen des Besserwerdens sind immer noch vorhanden. Ich wiederhole es mit Vertrauen: der gegenwärtige Zustand der Welt ist nur ein vorübergehender und von zwei Dingen wird eines eintreten. Entweder wird die Kirche zur voraus bestimmten Zeit über die Revolution siegen, wie sie schon so viele andere Feinde überwältigt hat, und dann werden jene Nothwendigkeiten des Uebergangs, die man uns jetzt als Principien aufdrängen will, von selbst verschwinden und den ewig wahren Grundsätzen des Christenthums das Feld frei lassen. Oder aber die Revolution wird für einige Zeit siegen und zu was hätten dann alle jene Concessionen gedient, die man uns jetzt anräth? Wenn „die Stunde der Finsterniß," wenn die Stunde des Fürsten dieser Welt gekommen ist, wenn es in den Absichten Gottes liegt, daß wir in dem Kampfe unterliegen sollen, nachdem wir die Rechte Gottes bis auf's Aeußerste vertheidigt, so sind wir doch wenigstens gute und getreue Knechte gewesen und werden mit dem Völkerapostel sagen können: „Ich habe einen guten Kampf gekämpft, meinen Lauf beendigt, den Glauben bewahrt, und es bleibt mir nichts übrig, als die Krone der Gerechtigkeit zu empfangen, welche mir unser Herr, der gerechte Richter, geben wird."

„Wäre es also am Ende gar möglich, daß die Revolution völlig über die Kirche siegte, und das Werk Gottes zu Grunde ginge?" — Das Werk Gottes wird nie zu Grunde gehen, aber der Kirche wird es gehen, wie ihrem göttlichen Haupte; sie wird, wie er „ihre Stunde," ihr Leiden, ihren Calvarienberg und ihr Grab haben, ehe sie über die Erde herrscht und die ganze Menschheit unter dem Stabe des himmlischen Hirten versammelt. Alles Das ist in der h. Schrift geweissagt.

Diese sehr mögliche Lösung der revolutionären Frage ist es wohl werth, daß wir noch einen Augenblick bei derselben verweilen.

XXIV. Eine furchtbare und zwar sehr mögliche Lösung der revolutionären Frage.

Viele Katholiken und unter ihnen nicht wenige Bischöfe und Lehrer, ausgezeichnet durch Wissenschaft und Heiligkeit, leben der festen Ueberzeugung, daß wir dem Ende der Welt mit raschen Schritten entgegengehen, und daß die große Revolution, welche seit dreihundert Jahren alle Traditionen und Institutionen des Christenthumes zertrümmert, am Ende auf das Reich des Antichrist hinausläuft.

Es ist ein geoffenbarter Glaubensartikel, daß der letzten Ankunft unseres Herrn Jesu Christi eine furchtbare moralische Umwälzung und der schrecklichste Kampf des Satans gegen Christus und seine Kirche vorangehen wird. „Es wird alsdann eine große Trübsal sein, dergleichen vom Anfange der Welt noch nicht gewesen ist, noch fernerhin sein wird." Sowie das ganze Christenthum in der Person seines göttlichen Hauptes, unseres Erlösers, sich concentrirt, so wird sich das ganze Antichristenthum mit seinen Empörungen, seinen Attentaten und Sacrilegien aller Art u jenen Zeiten in der Person eines Menschen concentriren, der mit dem Geiste und der Wuth des Satans vollkommen erfüllt ist, und dieser Mensch wird der Antichrist sein. Er ist eine Art von Menschwerdung des Satans, die höchste Stufe der Empörung des Teufels gegen Gott.

Die heilige Schrift spricht an mehreren Stellen sehr klar von seiner Erscheinung in der Welt, unter Anderem in dem vierundzwanzigsten Kapitel des h. Matthäus, dem dreizehnten des h. Markus, dem einundzwanzigsten des h. Lukas und in mehreren Briefen der heiligen Apostel. Namentlich ist der h. Johannes von der göttlichen Vorsehung auserwählt worden, um uns in den herrlichen Prophezeiungen seiner geheimen Offenbarung die Schmerzen, welche der verfluchten Herrschaft des Antichrist vorangehen und sie begleiten werden, dann seinen Fall und endlich die glorreiche Herrschaft Christi und der Kirche zu enthüllen. In dem Antichrist werden, wie wir bemerkt, alle Eigenschaften aller Empörung gegen das Christenthum im höchsten Grade vereinigt sein. Er wird Hoherpriester sein, wie Kaiphas; Weltherrscher und Henker wie Nero und die übrigen heidnischen Kaiser; ein Erzketzer, wie Arius, Nestorius, Manes, Pelagius und die Anderen; er wird verwüsten und morden, wie Mahomet und die übrigen Barbaren; er wird sich gegen das Papstthum erheben, wie die Kaiser des Mittelalters und der schismatische Photius; er wird den wahren Gott, Christum und seine Kirche läugnen und auf der ganzen Erde die Herrschaft des Satanismus oder der vollendeten Revolution einführen; nach einer allgemeinen Verfolgung, die ihres Gleichen noch nicht gefunden seit dem Anfange der Welt, wird er die Kirche in die Katakomben zurückstürzen, den Gottesdienst abschaffen, ſich ſelbſt als Chriſtus und Gott anbeten laſſen und ſich einen Oberprieſter als Oberhaupt ſeines gottloſen Cultus beigeben, und wer dann ſein Zeichen nicht an der Stirne oder an der rechten Hand trägt, der wird für außer dem Geſetze erklärt und zum Tode verurtheilt. Dieſe revolutionäre Herrſchaft des Antichriſt wird drei und ein halbes Jahr dauern. Die heiligen Schriften enthalten die furchtbare prophetiſche Schilderung derſelben und ſie belehren uns, daß die Befreiung plötzlich eintreten wird mit der glorreichen Ankunft des Heilandes in einem Augenblicke, wo Alles verloren ſchien. Das wird die Oſtern, die Auferſtehung der Kirche ſein nach ihrem ſchmerzhaften Leiden. Dann wird die Herrſchaft des Satan gebrochen, dann, aber auch erſt dann wird die Revolution überwunden ſein.

Sehr bemerkenswerthe Anzeigen weiſen nun darauf hin, daß die Herrſchaft des Antichriſt nicht mehr ſo weit entfernt iſt, wie man gewöhnlich glaubt. Die Revolution bereitet ihm die Wege, indem ſie den Glauben vernichtet, die Maſſen verführt, Charakter und Geſinnung herabwürdigt, und ohne Unterlaß an der ſocialen Vernichtung der Kirche arbeitet. Unter den Gründen, welche für das Herannahen der letzten und ſchwerſten aller Verſuchungen ſprechen, will ich die nachfolgenden — gläubigen Chriſten zur ernſten Erwägung vorlegen; ihr Werth iſt unbeſtreitbar und ich für meinen Theil finde ſie mehr als beweiſend.

1) Nachdem unſer Herr im vierundzwanzigſten Kapitel des Evangeliums des h. Matthäus die Zeichen vorausgeſagt, welche dem letzten Kampfe vorausgehen werden, nachdem er bemerkt, „daß dies Alles aber nur ein Anfang der Nöthen ſei,“ ſagt er ausdrücklich, daß das Ende kommen werde, wenn das Evangelium allen Völkern verkündigt iſt. „Es wird dieſes Evangelium vom Reiche in der ganzen Welt allen Völkern zum Zeugniſſe gepredigt werden und alsdann wird das Ende kommen.“

Nun aber iſt es allbekannt, daß es faſt kein Volk auf Erden mehr gibt, dem das Evangelium nicht gepredigt worden wäre. Die Verbreitung des Glaubens hat, namentlich in den letzten dreißig Jahren, eine wunderbare Ausdehnung gewonnen. In ganz Oceanien ist das Evangelium verkündet; die Missionäre sind bis in den Mittelpunkt von Hochasien, bis nach Tibet vorgedrungen; die Predigt des Evangeliums in Afrika, selbst in Centralafrika hat in glorreicher Weise begonnen; Nord- und Südamerika sind durch die unermüdlichen Herolde Jesu Christi nach allen Richtungen durchzogen. Noch ein halbes Jahrhundert, vielleicht noch weniger (Dank den europäischen Revolutionären, welche alle religiösen Orden und namentlich die begeisterten Schaaren der Gesellschaft Jesu in weite Fernen treiben) und — „das Evangelium vom Reiche wird in der ganzen Welt allen Völkern zum Zeugnisse gepredigt sein, und alsdann wird das Ende kommen." Was will man auf diese Thatsache, auf diese Worte und die offenbar daraus sich ergebenden Folgen erwidern?

2) Es wird ferner von unserem Herrn selbst vorausgesagt, daß beim Herannahen der letzten Zeiten der Glaube auf Erden fast erloschen sein wird. „Wenn der Menschensohn wiederkommt, sagte er seinen Jüngern, wird er wohl Glauben finden auf Erden?" Liegt es nun aber nicht ebenfalls auf der Hand, daß trotz der nicht zu verkennenden religiösen Wiedererweckung einer gewissen Zahl von auserwählten Seelen, die Massen den Glauben schon verloren haben, oder auf dem Wege sind, ihn zu verlieren? Es gilt das für Frankreich und fängt bereits für Italien, Spanien ꝛc. zu gelten an. Die katholische Welt ist auf dem Wege, den Glauben zu verlieren, der in drei Viertheilen von Europa durch die Häresie schon ruinirt ist, und, wie wir oben bemerkt, der verderbliche Einfluß der Tagespresse würde allein schon hinreichen, in kurzer Frist einen schon tief erschütterten Glauben aus dem Herzen des Volkes zu reißen. Ungläubige hat es zwar in allen christlichen Jahrhunderten gegeben, allein noch nie ist der Unglaube so tief in die Massen und in die Gesetzgebung eingedrungen, wie dieses seit einem halben Jahrhundert der Fall ist. Liegt

darin nicht, wenn man sich an das Wort unseres Herrn erinnert, viel Stoff zum Nachdenken?

3) Der heilige Apostel Paulus spricht in seinem zweiten Briefe an die Thessalonicher sehr eingehend von den letzten Zeiten und dem Antichrist. Er gibt uns ein anderes Zeichen an, an welchem wir erkennen sollen, daß die Gefahr herannahe. „Lasset euch nicht erschrecken, sagt er den Gläubigen jener Zeit, als ob der Tag des Herrn nahe bevorstehe, denn zuvor muß der Abfall kommen." (Kap. 2. V. 3.) Die bedeutendsten Ausleger der heiligen Schrift, wie der heilige Thomas, verstehen einmüthig unter diesem Abfall die allgemeine Lossagung der Welt von dem katholischen Glauben und der Kirche, den allgemeinen Abfall der Societäten und Völker, apostasia genitum. Und es ist in der That eines der unterscheidenden Kennzeichen unserer Zeit, sowie gleichzeitig das Wesen der Revolution selbst: die Trennung der Kirche und des Staates, der Abfall der Societäten, gerade in dieser ihrer Eigenschaft als Societäten, die sociale Zersetzung der katholischen Welt, der Atheismus in Politik und Gesetzgebung. Dieser Abfall der Societäten ist ganz, oder fast ganz vollendet. Wo ist heutzutage der Staat, der alle Rechte der Kirche officiel und als eine göttliche Einsetzung anerkennt und sich vor jedem andern Gesetze dem Gesetze Jesu Christi unterwirft, wie es in höchster Instanz von dem Papste, dem Kirchenoberhaupte, verkündigt, erklärt und angewendet wird? Es gibt keinen einzigen Staat der Art mehr. Das von dem heiligen Paulus angegebene Zeichen ist also gekommen und an uns, die Christen des neunzehnten Jahrhunderts, scheint das Wort gerichtet: Lasset euch nicht erschrecken!

„Allein, so wird man einwenden, hat man nicht schon zu verschiedenen Malen in den vergangenen Jahrhunderten diese selben Zeichen wahrzunehmen geglaubt? Ist das Ende der Welt nicht schon oft vorausgesagt worden?" — Allerdings hat man schon in drei verschiedenen Zeitabschnitten und nicht ohne Grund davon gesprochen. Zum ersten Male unter Nero, bei dem Herannahen der erſten allgemeinen Verfolgung der Kirche und der Zerſtörung Jeruſalems; dann zur Zeit des Unterganges des römiſchen Reiches, der Einfälle der Barbaren und bei dem Erſcheinen Mahomets; endlich im fünfzehnten Jahrhundert vor der ſogenannten Wiedergeburt der Wiſſenſchaften und Künſte und dem Auftreten Luthers und Calvins. Der große Schrecken, welcher ſich der Welt im Jahre 1000 bemächtigt, gehört nicht hierher; denn er hat keinen officiellen und kirchlichen Charakter, ſtützt ſich auf keine Autorität irgend eines Kirchenlehrers und war überhaupt nur eine Volksmeinung.

Die drei Zeitabſchnitte indeſſen, welche ich genannt habe, ſind in der That die verſchiedenen Theile eines und deſſelben Gemäldes geweſen. Ein jeder derſelben war die theilweiſe prophetiſche Vorbildung des Endes aller Dinge, jener letzten Kataſtrophe, welche die göttlichen Weiſſagungen vor den verdunkelten Augen des gegenwärtigen Geſchlechtes immer mehr zu entrollen ſcheinen. Deßhalb war auch in dieſen drei verſchiedenen Epochen das Vorgefühl vom Ende der Welt in der Kirche ganz berechtigt.

Die Zerſtörung Jeruſalems im erſten Jahrhundert war ein Vorbild der zukünftigen Zerſtörung der heiligen Kirche, dieſer lebendigen Stadt Gottes; Nero war ein Vorbild des Antichriſt, als heidniſcher Kaiſer und Papſt, der ſich im ganzen Reiche anbeten ließ, als Verfolger der Chriſten in der ganzen bekannten Welt, als Herr der Erde, als Henker der heiligen Petrus und Paulus, wie der Antichriſt der Henker der beiden großen Geſandten Gottes Henoch und Elias ſein wird. Ebenſo war beim Untergange des römiſchen Reiches Mahomet, jener eingefleiſchte Feind des chriſtlichen Namens, ein anderes Vorbild des Antichriſt, ſowie auch die Barbaren, welche Gottes Werkzeug geweſen ſind, um das Reich der Cäſaren, das heidniſche Babylon, das da trunken war vom Blute der Martyrer, zu züchtigen und zu ſtürzen. Endlich hatte im fünfzehnten Jahrhundert der heilige Vincentius Ferrerius ganz Recht, wenn er der katholiſchen Welt zurief: „Wachet auf und thuet Buße, die Versuchung ist nahe!" Denn bald begann mit der Wiedergeburt des Heidenthumes und dem Auftreten Luthers und Calvins jene allgemeine Zerstörung, welche man die Revolution nennt, sie bereiteten ihre Herrschaft und ihren Sieg aus weiter Ferne vor; jene unglückselige Herrschaft, die im Jahre 1789 formulirt, im Jahre 1793 vollständig, wenn auch nur auf kurze Zeit, realisirt und seitdem so organisirt worden ist, daß sie der Intelligenzen, Institutionen, Gesetze, Sitten und Societäten mit jedem Tage mehr sich bemächtigt. Noch eine kleine Weile, und die Revolution wird ihren Sohn gebären, den Sohn des Satan und Feind des Gottessohnes, „den Menschen der Sünde, wie der heilige Paulus sagt, den Sohn des Verderbens, der sich widersetzt und erhebt über Alles, was Gott ist oder was göttlich verehrt wird." Der Antichrist wird in der That nicht nur das Christenthum und die wahre Kirche vernichten; er wird nicht nur die Verehrung des wahren Gottes, das katholische Opfer und die Anbetung des heiligen Sacramentes abschaffen, sondern er wird sich auch über alle Götter der Heiden, ihre Götzenbilder und gottesdienstlichen Gebräuche erheben, „er wird sich in den Tempel Gottes setzen und sich für Gott ausgeben." Das Geheimniß der Bosheit wird dann in seiner ganzen Fülle vollendet sein, wie es im Principe vollendet war, als Christus, unser Haupt, am Kreuze starb; Satan wird sich für den Herrn und Meister halten und mittelst jener falschen Zeichen und Wunder, von welchen das Evangelium spricht, wird seine öffentliche Verehrung sich über die ganze Erde verbreiten. Und diese falschen Zeichen und Wunder müssen ganz gewaltige sein, weil unser Herr selbst uns vor denselben warnt, indem er sagt: „Sie werden große Zeichen und Wunder thuen, so daß auch die Auserwählten (wenn es möglich wäre) in Irrthum geführt würden." (Matth. 24, 24.) Rom, das trotz des Papstthumes, — welches es verfolgen wird, wie ehedem, — wieder ungläubig geworden, wird nach aller Wahrscheinlichkeit und nach dem Zeugnisse der alten Väter die Hauptstadt des Antichrist und seines Reiches, das allgemeine Babylon, noch ruchloser, als es unter Nero und den römischen Kaisern gewesen ist. Suarez, Bellarmin, Cornelius a Lapide und Andere bezeugen, daß dieses die allgemeine Tradition der heiligen Väter und daß diese Tradition apostolischen Ursprunges ist.

Einer der gewichtigsten Gründe aber, der uns zu dem Glauben bewegt, daß wir diesen schrecklichen Zeiten entschieden uns nähern, besteht eben darin, daß Niemand mehr daran glaubt. In den drei oben angeführten Zeitabschnitten glaubte man noch, man glaubte namentlich an das Ende der Welt und es war dieses ein sicherer Beweis, daß es noch ferne sei. Heutzutage verhält es sich umgekehrt.

Ich könnte hier noch viele sehr ernste Betrachtungen beifügen und noch viele andere Stellen der h. Schrift anführen, namentlich könnte ich die merkwürdigen Aehnlichkeiten hervorheben, welche zwischen den sechs Schöpfungstagen der sichtbaren Welt und jenen sechs Zeitaltern bestehen, welche die Kirche durchleben soll, welche ihrerseits die geistige Schöpfung und vorzugsweise das Werk Gottes ist. Jedes dieser Zeitalter dauert nach allen jüdischen und christlichen Ueberlieferungen 1000 Jahre. Wir sind also nur noch ungefähr 100 Jahre von dem Ende des sechsten Zeitalters, des sechsten Tages der Kirche, entfernt. Diese Betrachtungen würden mich indessen zu weit führen und ich habe hoffentlich genug gesagt, um christlich gesinnte und unbefangene Gemüther zu überzeugen, daß die gegenwärtige Lage ernsthaft genommen werden muß, und daß die Kirche allem Anscheine nach sich in Bälde gegen die höchste Gefahr wird waffnen müssen.

Im Angesichte dieser Gefahr und am Vorabende dieser übermenschlichen Prüfung müssen wir Alle — Heilige, Männer des Gebetes und der Buße werden, wir müssen Geist und Herz von den vergänglichen Gütern ablösen, welche die Revolution uns rauben kann, wir müssen in dieser Welt leben, als lebten wir nicht in ihr, nach dem himmlischen Vaterlande streben und auf Erden nur für die Ewigkeit wirken. Die allerseligste und unbefleckte Jungfrau soll die Königin unseres Herzens, die Eucharistie unser tägliches Brod, das heil. Evangelium unsere liebste Lectüre sein. Und wenn wir so ganz für Gott leben, unerschüttert inmitten der allgemeinen Verführung, unzertrennlich verbunden in allen Stücken mit dem Statthalter unseres Herrn Jesu Christi; wenn wir nur der reinen katholischen Wahrheit als unserem Leitsterne folgen, so werden wir auch festen Schrittes durch die Finsternisse der Revolution wandeln und endlich wohlbehalten in dem sicheren Hafen ankommen.